Este livro segue o Novo Acordo Ortográfico de 1990.

Diretora-executiva
Renata Sturm

Diretor Financeiro
Guther Faggion

Administração
Alberto Balbino

Editor
Pedro Aranha

Preparação
Vera Amatti, Nicolly Vale

Revisão
João Lucas Z. Kosce

Direção de Arte
Rafael Bersi

Marketing e Comunicação
Bianca Oliveira, Matheus da Costa

DADOS INTERNACIONAIS DE CATALOGAÇÃO NA PUBLICAÇÃO (CIP)
ANGÉLICA ILACQUA – CRB-8/7057

O livro de Advento & Natal : história, canções, orações e uma linda e poderosa novena. – 1. ed. – São Paulo : Dei Gloriam, 2025.
160 p.

ISBN 978-65-5348-002-5

1. Advento 2. Natal 3. Liturgia - Igreja Católica

25-3707 CDD 264.34

ÍNDICES PARA CATÁLOGO SISTEMÁTICO:
1. Advento

mqnr
dei gloriam

Rua Pedro de Toledo, 129 - Sala 104
Vila Clementino – São Paulo – SP, CEP: 04039-030
www.mqnr.com.br/dg

O LIVRO DE

ADVENTO & NATAL

HISTÓRIA, CANÇÕES, ORAÇÕES E UMA LINDA E PODEROSA NOVENA

dei gloriam

A adoração dos pastores, por Giorgione (c. 1505)

SUMÁRIO

UMA JORNADA AO CORAÇÃO DO NATAL

Nesse tempo em que o ar se enche de luzes cintilantes e melodias que embalam a alma, convidamos você a se permitir uma pausa. Uma pausa para ir além do burburinho das festas, além do brilho efêmero das decorações, e mergulhar na essência mais profunda e transformadora do Natal.

Este livro não é apenas um convite à celebração, mas uma jornada íntima ao mistério que tudo começou: o nascimento de nosso Senhor Jesus Cristo. Através de palavras tecidas com a delicadeza da fé e a ternura da devoção mariana, cada página se abre como um portal para reviver a noite santa em Belém, não como uma história distante, mas como um evento que ressoa poderosamente em nossos corações até hoje.

Sentirá o frio da manjedoura, o calor do amor que ali se manifestou, a admiração silenciosa dos anjos e a esperança que brotou para toda a humanidade. Navegaremos pela fé inabalável de Maria, a Virgem Mãe, cujo "sim" transformou o curso da história, e pela humildade de José, o guardião fiel. Acompanharemos a peregrinação dos pastores, a sabedoria dos Reis Magos e sentiremos a presença palpável do Divino Menino, o Verbo que se fez carne para nos trazer a luz.

Com uma prosa que busca tocar as cordas mais sensíveis da alma, este livro é um convite para redescobrir a beleza da simplicidade, a força da fé que move montanhas e o amor incondicional que se manifestou na fragilidade de um recém-nascido. É um presente para ser saboreado lentamente, compartilhado em família ou guardado como um tesouro pessoal para nutrir o espírito durante todo o ano.

O livro que você tem em mãos é muito mais que um presente. É uma obra que trata o Natal do jeito que todo católico deveria viver. Muitas pessoas, tanto no Brasil como no mundo, costumam ver o Natal com muita melancolia e até tristeza, seja por traumas familiares, luto e abandono, seja pela compaixão com os pobres, um traço cristão de quem procura ajudar voluntariamente as obras sociais ou mesmo se isolar nesses dias.

Por outro lado, há quem encare a data como celebração de alegria, afinal, Jesus nasceu, e é época de reunir a família com ceia farta e troca de presentes. O comércio comemora, todos fazem a festa do consumo e até da ostentação. Ambas as perspectivas têm se afastado diametralmente da visão católica, que se aprofunda no mistério natalino a partir da oração, da referência dos santos e anjos, da caridade e do amor.

O conteúdo desta obra tem como fontes não apenas o catecismo e as orientações da Igreja Católica Apostólica Romana, mas as tradições que o corpo da Igreja deixou como legado às populações do mundo, unidas pela data que historicamente tem sua exatidão contestada, mas simbolicamente expressa sua relevância.

O nascimento de Cristo,
por Peter Paul Rubens (c. 1606)

Vale destacar que este livro inclui uma parte prática, a Novena de Natal, uma sugestão que pode enriquecer o tempo do Advento, facilitar o exame de consciência e providencialmente propiciar a renovação para o ano seguinte. Tal renovação é coroada com a Solenidade de Nossa Senhora, no dia 1º de janeiro, que abre a perspectiva dos fiéis para uma existência santificada pela oração e meditação do papel da Virgem Maria em nossas vidas e como nossa intercessora junto a seu filho.

Que a leitura destas páginas ilumine seu Natal, reacenda a chama da esperança em seu coração e o conecte, de maneira renovada e profunda, ao milagre do amor que Deus nos deu. Que o verdadeiro espírito do Natal encontre em você um lar acolhedor.

PROFUNDO SIGNIFICADO

Natal: nascimento do menino Jesus

A palavra "Natal" já define o conceito que deveria nortear as comemorações desse dia por todos os cristãos, sobretudo os católicos, que rememoram o dia mais feliz para toda a humanidade. Natal é uma abreviação de natalício, nascimento.

Não por acaso, nossos avós costumavam perguntar: Qual é o dia do seu natalício? Natalício também se transformou em substantivo próprio, embora no século XXI tenha caído em desuso: natalício, natalícia, natalino, natalina – todos variações de crianças que nasceram no dia 25 de dezembro.

O dia de Natal prenuncia a nova aliança por meio do Cristo e também a prefiguração de sua paixão, morte e ressurreição. A Igreja Católica oferece interpretações teológicas profundas sobre os eventos da vida de Jesus, com uma visão rica e presente na tradição.

A interpretação da prefiguração se baseia na compreensão de que toda a vida de Jesus é um mistério unificado de salvação, em que cada evento aponta para os outros. O Natal, o início de sua vida terrena, já carrega em si o propósito final de sua vinda: a redenção da humanidade.

Vamos explorar alguns pontos e fontes católicas que sustentam essa visão:

O nascimento de Cristo, autor desconhecido (s.d.)

1. O Mistério Pascal como centro da fé: a teologia considera o Mistério Pascal (paixão, morte e ressurreição) como o ápice da obra salvífica de Cristo. Tudo o que ele fez e ensinou, desde o seu nascimento, está intrinsecamente ligado a esse mistério central. O nascimento é o começo da jornada que culminará na cruz e na glória da ressurreição.
2. O verbo encarnado e o sacrifício: a encarnação, o ato de Deus se fazer homem no ventre de Maria, já é, em si, um ato de amor sacrificial. Ao assumir a natureza humana, Deus se coloca em uma posição de fragilidade e vulnerabilidade, abrindo caminho para a sua futura entrega na cruz. O próprio Jesus, ao nascer em um estábulo humilde, já demonstra uma *kenosis* (esvaziamento) que prenuncia o esvaziamento total na cruz.

   O catecismo da Igreja Católica, em seus parágrafos sobre a encarnação (especialmente 355-360), fala sobre como o Filho de Deus, ao se fazer homem, "abriu os céus para nós". A vinda de Cristo ao mundo é para nos salvar, e essa salvação se concretiza plenamente na cruz e na ressurreição. O nascimento é o portal para essa salvação.
3. Símbolos e profecias: muitas das profecias do Antigo Testamento sobre o Messias, que se cumprem no nascimento de Jesus, também falam de seu sofrimento

e de sua glória. Por exemplo, em Isaías 53:1-6, é descrito o "Servo Sofredor", frequentemente associado tanto ao nascimento quanto à paixão do Messias:

> *1. Quem poderia acreditar nisso que ouvimos? A quem foi revelado o braço do Senhor? 2. Cresceu diante dele como um pobre rebento enraizado numa terra árida; não tinha graça nem beleza para atrair nossos olhares, e seu aspecto não podia seduzir-nos. 3. Era desprezado, era a escória da humanidade, homem das dores, experimentado nos sofrimentos; como aqueles, diante dos quais se cobre o rosto, era amaldiçoado e não fazíamos caso dele. 4. Em verdade, ele tomou sobre si nossas enfermidades, e carregou os nossos sofrimentos: e nós o reputávamos como um castigado, ferido por Deus e humilhado. 5. Mas ele foi castigado por nossos crimes, e esmagado por nossas iniquidades; o castigo que nos salva pesou sobre ele; fomos curados graças às suas chagas. 6. Todos nós andávamos desgarrados como ovelhas, seguíamos cada qual nosso caminho; o Senhor fazia recair sobre ele o castigo das faltas de todos nós.*

Os padres da Igreja, como Santo Agostinho e São João Crisóstomo, frequentemente interpretavam os eventos do Natal à luz do Mistério Pascal. Eles viam o presépio como um "segundo altar", onde o Cordeiro de Deus, que tira o pecado do mundo, é oferecido desde o

A instituição da Eucaristia, por Johann Friedrich Overbeck (c. 1840)

seu nascimento. A humildade do nascimento apontava para a humildade da cruz.

4. A Eucaristia como continuidade: o Natal nos apresenta Jesus como o "pão descido do céu" (João 6:41). A Eucaristia, que é o memorial do sacrifício de Cristo, é vista como a continuação do mistério de sua encarnação e de sua oferta sacrificial. O nascimento nos dá o alimento espiritual que nos sustenta ao longo da vida e nos conduz à ressurreição.

Um exemplo clássico dessa conexão pode ser encontrado em homilias de Natal de São Leão Magno, que fala sobre a "natividade" como o início da nossa salvação e a base para a nossa redenção.

5. A luz que dissipa as trevas: o nascimento de Jesus é celebrado como a vinda da luz ao mundo. Essa luz não só ilumina a humanidade mas também dissipa as trevas do pecado e da morte, o que acontece de forma definitiva com a ressurreição. A luz do Natal é a mesma luz que brilha da tumba vazia.

Portanto, o Natal não é apenas o início da vida temporal de Jesus, mas já contém em si o propósito e o destino do Cristo, que é a redenção completa da humanidade através de seu sacrifício e de sua gloriosa ressurreição.

Cenas da vida de Cristo, autor desconhecido (s.d.)

ORIGEM E HISTÓRIA

Por que 25 de dezembro?

A escolha do dia 25 de dezembro para celebrar o nascimento de Jesus não vem diretamente dos Evangelhos, que não especificam a data exata em que o menino Jesus nasceu.

O MITO PAGÃO DO CULTO AO DEUS SOL

Os romanos comemoravam a festa do "Sol Invictus" (Sol Invencível), mais ou menos na mesma época, para marcar o solstício de inverno. Foi essa a razão que ensejou a narrativa de que a Igreja a substituiu para celebrar o Natal e dar novo significado cristão a um mito pagão.

Entretanto, a história não se sustenta diante da constatação de que o Natal era comemorado no Oriente e no Ocidente mesmo antes do período de ascensão do Império Romano, e os cálculos obedecem ao calendário gregoriano.

Segundo a tradição expressa no Novo Testamento, Jesus teria sido concebido em 25 de março – data da anunciação – quando Maria recebeu a visita do anjo Gabriel. Como a gestação dura nove meses, somando-se esses meses, chega-se a 25 de dezembro para o nascimento.

Outro cálculo que justifica a data natalina é a visitação de Maria à sua prima Isabel. A visitação é celebrada em 31 de maio pela Igreja, quando Maria visitou sua prima Isabel, grávida de João Batista. Isso ajuda na contagem cronológica tradicional entre eventos importantes da vida da Sagrada Família.

COMO O DIA DO NATAL SE CONSOLIDOU?

Ao Papa Júlio II é creditado o estabelecimento do dia 25 de dezembro, no século IV, como data oficial para comemorar o nascimento de Cristo, mas, desde o século I, o Natal era celebrado pelas comunidades cristãs.

A contagem de dias, semanas, meses e anos normatiza-se apenas a partir de 24 de fevereiro de 1582, quando o Papa Gregório XIII estabeleceu o calendário gregoriano tal como o adotamos hoje, com 365 dias, e a partir do movimento de translação da Terra em volta do Sol.

Portanto:

- A contagem a partir da anunciação (25/3) reforça simbolicamente essa data;
- A visitação em 31/5 faz parte da linha temporal tradicional;
- O Natal em 25/12 é uma celebração oficial e antiga na Igreja Católica até hoje.

O importante nesse debate histórico, quase sempre acalorado, é entender o caráter simbólico do nascimento daquele que veio estabelecer uma nova aliança de Deus com o mundo e morrer para a redenção de nossos pecados.

A ANUNCIAÇÃO: A VIRGEM MARIA RECEBE UMA MENSAGEM DOS CÉUS

A anunciação é o momento em que o anjo Gabriel foi enviado por Deus para falar com Maria, uma jovem humilde e muito especial que vivia na cidade de Nazaré. Deus escolheu Maria para ser a mãe de Jesus, o Filho de Deus, que viria ao mundo para salvar a humanidade.

Quando o anjo Gabriel apareceu, cumprimentou Maria e disse: "Ave, cheia de graça, o Senhor está contigo", Maria ficou surpresa e um pouco assustada, mas o anjo explicou que ela tinha sido escolhida para um grande propósito. Ele contou que ela iria conceber um filho pelo poder do Espírito Santo, sem precisar ter marido, e que esse filho seria chamado Jesus, o Filho do Altíssimo.

Maria perguntou ao anjo como isso poderia acontecer, já que ela não era casada. O anjo respondeu:

— Nada é impossível para Deus. O Espírito Santo virá sobre ti.

Então, com muita fé e coragem, Maria aceitou a vontade de Deus dizendo:

— Eis aqui a serva do Senhor; faça-se em mim segundo a tua palavra.

Esse momento é muito importante porque marca o começo da vida de Jesus na Terra e mostra a confiança e a obediência de Maria a Deus. A anunciação é celebrada

A anunciação à Virgem, por Hendrik Goltzius (c. 1594)

todos os anos no dia 25 de março e nos lembra da grande missão de Maria e do amor de Deus por nós.

Depois da anunciação, a visita

Quando Maria soube que seria mãe de Jesus, muitas coisas importantes aconteceram. O anjo Gabriel anunciou a Maria que ela teria um filho pelo Espírito Santo, e ela decidiu visitar sua prima Isabel, uma mulher idosa que também estava grávida, mesmo já sendo considerada estéril.

Maria chegou à casa de Isabel para anunciar a boa nova, mas algo inesperado aconteceu: ao ouvir a voz de Maria, o bebê que Isabel carregava – que seria João Batista, primo de Jesus – pulou de alegria dentro do ventre!

Isabel, tomada pelo Espírito Santo, reconheceu que Maria estava carregando o Filho de Deus, chamou-a de "bendita entre as mulheres" e disse-lhe "bendito é o fruto do teu ventre". Feliz com a recepção, Maria respondeu com uma linda oração chamada *Magnificat*, também chamada *Canção de Maria*, em que ela louva a Deus por suas maravilhas e por tê-la escolhido, uma pessoa simples, para uma missão tão grande:

Magnificat (Lucas 1:46-55)

A minha alma glorifica ao Senhor
e o meu espírito se alegra em Deus, meu Salvador.
Porque pôs os olhos na humildade da sua serva:
de hoje em diante me chamarão bem-aventurada todas as gerações.
O Todo-Poderoso fez em mim maravilhas:
Santo é o seu nome.
A sua misericórdia se estende de geração em geração
sobre aqueles que O temem.
Manifestou o poder do seu braço
e dispersou os soberbos.
Derrubou os poderosos de seus tronos
e exaltou os humildes.
Aos famintos encheu de bens
e aos ricos despediu de mãos vazias.
Acolheu Israel seu servo,
lembrado da sua misericórdia,
como tinha prometido a nossos pais,
a Abraão e à sua descendência
para sempre.

Depois desse encontro cheio de amor e fé, Maria voltou para sua casa em Nazaré. Durante todo esse tempo, ela guardou no coração tudo o que estava acontecendo, confiando plenamente em Deus.

São José, o pai de todos os pais

Enquanto isso, José, que era noivo de Maria, ficou preocupado ao saber de sua gravidez, pois ainda não estavam casados. Mas um anjo apareceu para José em sonho e explicou que o menino era obra do Espírito Santo e que ele deveria proteger, amar e cuidar de Maria e daquele filho abençoado. Assim, a vida de Maria seguiu cheia de fé e confiança em Deus, preparando-se para o nascimento de Jesus, que viria trazer esperança para toda a humanidade.

O nascimento de Jesus

Depois que Maria descobriu que ia ser mãe de Jesus, continuou sua vida em Nazaré, até o momento em que o imperador romano César Augusto decretou que todas as pessoas deveriam ir à cidade de sua família para fazer um recenseamento.

Como José, noivo de Maria, era da família do rei Davi, eles precisaram viajar para Belém, a cidade em que José nasceu.

Maria já estava em uma gravidez adiantada e a viagem foi longa e difícil. O casal seguiu andando a pé ou no lombo de animais por estradas cheias de poeira. Quando chegaram a Belém, encontraram a cidade lotada porque todos estavam cumprindo as leis do recenseamento. Pior, não havia acomodações, pois as hospedarias estavam sem vagas.

Por isso, José e Maria tiveram que se recolher em um estábulo simples, onde ficavam os animais. Ali, sobre a palha e entre o calor dos bichos, Jesus nasceu. Maria o envolveu em panos e colocou-o em uma manjedoura, espécie de "comedouro", que fez as vezes de berço.

Esse nascimento demonstra como Jesus veio ao mundo, com simplicidade e humildade, para estar perto das pessoas comuns e trazer amor e salvação para todos.

Pouco depois do nascimento, pastores que estavam cuidando das ovelhas nos campos próximos receberam a visita de anjos que anunciaram a boa notícia: "Nasceu hoje, na cidade de Davi, o Salvador!". Cheios de alegria, os pastores foram ver o menino Jesus no estábulo e contaram a todos sobre esse momento maravilhoso.

Assim começou a vida de Jesus na Terra, trazendo esperança e luz para o mundo.

Reis sábios foram adorar a Jesus

Os Três Reis Magos eram sábios e estudiosos que vinham do Oriente. Eles observavam as estrelas e acreditavam que certos sinais no céu anunciavam acontecimentos importantes. Um dia, viram uma estrela muito brilhante que indicava o nascimento de um rei muito importante, o Rei dos Judeus.

Guiados por essa estrela, chamada Dalva, os magos decidiram partir em uma longa viagem para encontrar esse menino tão especial. Cada um deles levava presentes

O nascimento de Cristo,
por Josef von Führich (c.1835)

valiosos: ouro, incenso e mirra. O ouro representava a realeza de Jesus, o incenso simbolizava sua divindade, e a mirra era um perfume usado em funerais, indicando que Jesus também sofreria pela humanidade.

A jornada não foi fácil. Eles viajaram por desertos, montanhas e cidades desconhecidas, sempre seguindo a luz da estrela. Quando finalmente chegaram a Jerusalém, perguntaram ao rei Herodes onde poderiam encontrar o recém-nascido "Rei dos Judeus". Herodes ficou preocupado com essa notícia porque ele era o rei na época e tinha medo de perder seu poder.

Herodes pediu aos magos que, quando encontrassem o menino, voltassem para contar onde ele estava, mas na verdade queria eliminar Jesus. Desconfiados, os magos continuaram a seguir a estrela e ela os guiou até Belém, onde estava o menino Jesus.

Quando encontraram Maria, José e o bebê Jesus no estábulo, os magos ficaram muito felizes. Eles se ajoelharam diante do menino e ofereceram seus presentes com muito respeito e amor. Depois de adorarem a Jesus, foram avisados em sonho para não voltarem para Herodes, mas retornarem para suas terras por outro caminho.

Essa história mostra como pessoas de longe reconheceram a importância de Jesus desde seu nascimento e foram honrá-lo com presentes especiais.

O menino Jesus pega o ouro que lhe foi oferecido pelos magos,
por Peter Paul Rubens (c. 1626)

CALENDÁRIO LITÚRGICO

O calendário litúrgico católico em torno do Natal é bastante rico e cheio de significados. Vamos detalhar esse período, desde o início do Advento até o encerramento com a Festa da Epifania (Dia de Reis).

O período natalino na Igreja Católica é marcado por duas fases principais: o Tempo do Advento e o Tempo do Natal.

Tempo do Advento

O Advento é o tempo litúrgico que precede imediatamente o Natal. Ele começa no domingo que antecede a festa de Natal (se o Natal cair em um domingo, o Advento começa no domingo anterior) e dura quatro semanas. É um tempo de espera, vigilância, alegria e esperança, pois a Igreja se prepara para celebrar a vinda de Jesus Cristo, tanto a sua vinda histórica (o nascimento em Belém) quanto a sua vinda escatológica (no fim dos tempos).

- Início do Advento: geralmente cai entre o fim de novembro e o início de dezembro.
- Duração: quatro semanas.
- Cores litúrgicas: o roxo é a cor predominante, simbolizando a penitência, a conversão e a expectativa. Em algumas liturgias, o rosa é usado no terceiro domingo do Advento, conhecido como Domingo "Gaudete" (Alegrai-vos), e indica um momento de maior alegria e antecipação pela proximidade do Natal.

Principais celebrações e elementos

- Leituras: as leituras da Bíblia nesse tempo focam temas como a vinda do Messias, a vigilância, a conversão, a justiça e a esperança. Profetas como Isaías são frequentemente citados.
- Coroa do Advento: uma tradição popular em muitas famílias. Trata-se de uma coroa feita de ramos verdes, com quatro velas. A cada domingo do Advento, uma nova vela é acesa, simbolizando a crescente luz de Cristo que chega ao mundo.
- Oração e penitência: o Advento é um tempo para intensificar a oração pessoal e comunitária e também para praticar a penitência, como forma de se preparar espiritualmente para a vinda do Senhor.
- Expectativa da vinda: o foco é a espera pela vinda do Messias, tanto o nascimento histórico quanto sua vinda gloriosa.

Tempo do Natal

O Tempo do Natal começa com a Vigília de Natal, na noite de 24 de dezembro, e se estende até o domingo após a Epifania (6 de janeiro), que é a Festa do Batismo do Senhor.

- Vigília de Natal (24 de dezembro): é a missa celebrada na noite de 24 de dezembro, que marca oficialmente o início da celebração do nascimento de Jesus. É uma missa solene e de grande alegria.

- Solene nascimento do Senhor (25 de dezembro): o dia do Natal. Celebra-se o nascimento de Jesus em Belém. É uma festa de júbilo e gratidão.
- Festa da Sagrada Família: celebrada no domingo dentro da oitava do Natal – a oitava do Natal é o período de oito dias após 25 de dezembro – ou no dia 30 de dezembro, se não houver domingo. É um momento para refletir sobre o modelo da família de Jesus, Maria e José; e para pedir graças para as famílias.

Cronologicamente, seguem-se:

- Dia 26 de dezembro: Festa de Santo Estêvão, o primeiro mártir da Igreja;
- Dia 27 de dezembro: Festa de São João Apóstolo e Evangelista;
- Dia 28 de dezembro: Festa dos Santos Inocentes Mártires;
- Domingo dentro da oitava do Natal (ou 30 de dezembro): Festa da Sagrada Família;
- 31 de dezembro: Festa de São Silvestre I. É comum celebrar com uma missa de Ação de Graças pelo ano que passou;
- 1º de janeiro: Solenidade de Maria, mãe de Deus. É o primeiro dia do ano civil e também o Dia Mundial da Paz.
- Epifania do Senhor (6 de janeiro): festa que celebra a manifestação de Jesus aos povos pagãos, representados

pelos Três Reis Magos. É o ápice da celebração do Natal e o encerramento da oitava do Natal. A tradição da Folia de Reis está intrinsecamente ligada a essa festa.

Após a Epifania:

- Festa do batismo do Senhor: celebrada no domingo seguinte à Epifania. Com essa festa, encerra-se o Tempo do Natal e inicia-se o Tempo Comum.

Portanto, o calendário litúrgico do Natal se estende desde o início do Advento (quatro semanas antes do Natal) até a Festa do Batismo do Senhor (geralmente no segundo ou terceiro domingo de janeiro), e seu ponto alto é a Solenidade do nascimento do Senhor (25 de dezembro) e a Epifania (6 de janeiro).

TODO O MUNDO AMA O NATAL!

Natal à brasileira

Como maior país católico do mundo, o Brasil adotou uma linha própria e uma visão particular do Natal, em que a literatura, a música, as artes, o teatro e a devoção ganharam contornos regionais e revelaram a diversidade da cultura brasileira.

Na literatura, um dos maiores poetas brasileiros, Manuel Bandeira, compôs o poema que, em linguagem quase infantil, aproxima o menino Jesus de cada um de nós:

Canto de Natal (*Manuel Bandeira*)

O nosso menino
Nasceu em Belém
Nasceu tão somente
Para querer bem
Nasceu sobre as palhas
O nosso menino
Mas a mãe sabia
Que ele era divino
Vem para sofrer
A morte na cruz
O nosso menino
O nome é Jesus
Por nós ele aceita

o humano destino
louvemos a glória
de Jesus Menino.

Na música, a profunda tristeza e a decepção pessoal de Assis Valente fala ao coração das pessoas que se compadecem com o sofrimento e a solidão naquela noite que deveria ser a mais santa e feliz do ano. O título irônico refere-se não apenas ao nascimento do menino Jesus mas a um período de crise social e econômica no país, marcado também pela figura do Papai Noel, que começava a ser introduzida na sociedade no começo dos anos 1930. A letra da música remete a um cenário onde a esperança e a fé ainda persistem, apesar das decepções:

Boas Festas (*José de Assis Valente*)

Anoiteceu
O sino gemeu
E a gente ficou
Feliz a rezar
Papai Noel
Vê se você tem
A felicidade
Pra você me dar

Eu pensei que todo mundo
Fosse filho de Papai Noel
E, assim, felicidade
Eu pensei que também fosse
Um brinquedo de papel
Já faz tempo que eu pedi
Mas o meu Papai Noel não vem
Com certeza já morreu
Ou, então, felicidade
É brinquedo que não tem

Na arte popular, os presépios brasileiros introduziram cenas típicas do Nordeste, das fazendas mineiras ou pampas gaúchos, confeccionados com materiais como palha, barro, materiais recicláveis ou trabalhos de artesanato em crochê, tricô bordado, entre outros.

No teatro, as encenações do presépio vivo tomaram quase todas as paróquias e pequenas cidades, mobilizando a população local e tornando-se atração principal na noite da Vigília de Natal, segunda vigília mais importante do ano, logo depois da Vigília de Páscoa, que acontece no Sábado de Aleluia.

São muitas as tradições que acompanham o Natal brasileiro, e vamos falar delas ao longo desta obra, mas algumas marcam o período que vai do Advento, cerca de 30 dias antes do Natal, até o Dia de Reis, também chamada Festa da Epifania, comemorada em 6 de janeiro.

FOLIA DE REIS

Especialmente no Nordeste brasileiro, a Folia de Reis é uma tradição riquíssima e cheia de significado. Também conhecida em diversas regiões do Brasil como Reisado, Cavalgada de Reis, ou Bando de Reis, é uma manifestação cultural e religiosa de profunda raiz ibérica, trazida para o Brasil pelos colonizadores portugueses.

Sua essência reside na celebração da Epifania, o momento em que os Três Reis Magos - Gaspar, Melchior e Baltazar - teriam chegado ao presépio para adorar ao menino Jesus, oferecendo-lhe ouro, incenso e mirra. Essa narrativa bíblica, carregada de simbolismo e fé, encontra no Nordeste brasileiro um solo fértil para se desenvolver e se manifestar de formas únicas e vibrantes.

A jornada da Folia de Reis, em sua concepção mais tradicional, tem seu marco inicial no período do Advento, o tempo de preparação e expectativa para o nascimento de Cristo, que se estende por quatro semanas antes do Natal. É nesse período que os grupos de folia começam a se organizar, a ensaiar seus cantos e a preparar seus instrumentos. A saída oficial das folias, no entanto, geralmente ocorre após o Natal, estendendo-se até o Dia de Reis, em 6 de janeiro, data que marca o ápice da celebração. A escolha do período do Advento para o início dos preparativos não é aleatória; ela reflete a própria dinâmica da fé cristã, que antecipa e celebra o nascimento divino com antecedência e devoção.

No Nordeste, essa tradição se reveste de particularidades que a tornam ainda mais especial. As manifestações culturais em virtude do Natal e da chegada do menino Jesus são multifacetadas e profundamente enraizadas no cotidiano das comunidades. A Folia de Reis, nesse contexto, não é apenas uma performance religiosa mas um evento social e comunitário de grande importância. Os foliazos, como são chamados os integrantes do grupo, percorrem as ruas das cidades e vilas, de casa em casa, anunciando a boa nova da natividade.

Ao chegarem às residências, eles saúdam os moradores com cantos tradicionais, que narram a história da viagem dos Reis Magos e a busca pelo menino Jesus. Em troca, recebem hospitalidade, comida, bebida e, por vezes, doações em dinheiro ou outros bens, que são revertidos para a manutenção do grupo ou para fins beneficentes, como a compra de alimentos para os menos favorecidos ou a manutenção de capelas e igrejas.

A musicalidade da Folia de Reis nordestina é marcada pela riqueza de instrumentos como a viola, o pandeiro, o triângulo, a zabumba e, em algumas variações, a sanfona. Os cantos, muitas vezes improvisados e com forte apelo poético, entoam louvores ao menino Jesus, à Virgem Maria e aos Reis Magos, mas também podem incluir referências a eventos locais, personalidades da comunidade e até mesmo a questões sociais e políticas, demonstrando a capacidade da manifestação de se manter viva e relevante ao longo do tempo. A forma como a narrativa é contada, com versos que evocam a jornada, a fé e a esperança, cria um elo poderoso entre o sagrado e o profano, o divino e o humano.

Além da Folia de Reis, o período natalino no Nordeste é permeado por outras festas e manifestações que celebram o Natal de Nosso Senhor. O presépio, por exemplo, é uma tradição fortíssima, com famílias e comunidades dedicando tempo e criatividade para montar cenários elaborados que recriam a cena da manjedoura. As novenas, que ocorrem nos dias que antecedem o Natal, são momentos de oração, canto e confraternização, reunindo fiéis em torno da fé. Em algumas regiões, os pastoris, grupos que encenam a história do nascimento de Cristo com música e dança, também ganham destaque.

A Folia de Reis, em particular, transcende a mera celebração religiosa, tornando-se um importante vetor de identidade cultural e de fortalecimento dos laços comunitários. Ela representa a continuidade de uma tradição que atravessa gerações, adaptando-se aos novos tempos, mas sem perder sua essência. A figura do "mestre" da folia, geralmente um ancião experiente e respeitado, é fundamental para a transmissão dos saberes, dos cantos e dos rituais aos mais jovens, garantindo a perpetuação dessa rica herança cultural.

Em suma, a Folia de Reis no Nordeste, com seu início no Advento e sua culminância no Dia de Reis, é uma expressão viva da fé, da cultura e da hospitalidade nordestina. Ela nos lembra da importância da memória, da comunidade e da celebração dos valores que nos unem, ecoando a mensagem universal de esperança e renovação que o nascimento de Jesus representa.

Presépios

Tradição criada por São Francisco de Assis, na Itália, o presépio adquiriu contornos únicos nas terras brasileiras. Desde a montagem elaborada em igrejas e praças até os presépios mais simples feitos em casa, a representação do nascimento de Jesus é um elemento central das festividades.

Cada família e comunidade tem seu jeito de montar, com materiais diversos, desde os tradicionais bonecos de barro e madeira até criações mais modernas e artísticas. Em algumas cidades, como em Minas Gerais, os presépios históricos e artísticos são verdadeiras atrações turísticas.

Novena de Natal

A novena é uma prática religiosa que se estende por nove dias antes do Natal, geralmente começando no dia 16 de dezembro. É um momento de oração em família ou em comunidade, em que se cantam cantigas natalinas, se

leem passagens bíblicas relacionadas ao nascimento de Jesus e se reflete sobre o significado do Natal. É uma tradição que fortalece os laços familiares e a fé.

Pastoril

Essa é uma manifestação mais teatral e musical, muito forte em algumas regiões, especialmente no Nordeste, mas presente em outras partes do país também. Os pastoris são grupos que encenam a história do nascimento de Jesus, com personagens como pastores, anjos, a Virgem Maria, São José e os Três Reis Magos. Eles cantam e dançam, e a apresentação geralmente culmina com a adoração do menino Jesus. É uma forma lúdica e envolvente de celebrar a natividade.

Chegada do Papai Noel

Embora seja uma tradição mais recente e com forte influência cultural externa, a chegada do Papai Noel é um momento muito esperado, principalmente pelas crianças. Em shoppings, praças e eventos, a figura do bom velhinho distribuindo presentes e espalhando alegria se tornou parte integrante do cenário natalino brasileiro.

Amigo-secreto ou Amigo-oculto

Uma prática divertida em que as pessoas tiram o nome de outra para dar um presente. É uma tradição muito popular no Brasil durante o Natal por promover a oportunidade de presentear colegas de trabalho, amigos ou familiares de forma mais acessível e bem-humorada. As regras incluem fixação de preços para compra ou mesmo uma caixinha com recados entre amigos-secretos, com pedidos de presentes ou brincadeiras.

Ceia e almoço de Natal

A ceia, no dia 24, e o almoço, no dia seguinte, fazem parte das celebrações natalinas, reunindo a família em torno de uma mesa farta. Os pratos variam muito de acordo com a região e as preferências familiares, mas é comum encontrar pernil, chester, peru, bacalhau, arroz à grega, salpicão, farofa e uma variedade de sobremesas, como rabanada, panetone e frutas. É um momento de partilha, gratidão e comunhão familiar; entretanto, não se deve cometer excessos sob o risco de incorrer no pecado da gula. Para os católicos, o Natal tem como foco a meditação no nascimento de Jesus, não a comilança desenfreada.

Cantatas e concertos de Natal

Em muitas cidades, igrejas e espaços culturais promovem apresentações musicais com temas natalinos. Corais, orquestras e grupos musicais se reúnem para cantar músicas tradicionais de Natal e canções populares brasileiras adequadas à ocasião.

DECORAÇÃO NATALINA

As casas, ruas e cidades se enfeitam com luzes, árvores de Natal, guirlandas e outros elementos decorativos. Essa ambientação festiva contribui para criar o clima de Natal e para a celebração coletiva. Contudo, devemos ressaltar que figuras bíblicas como a Sagrada Família, anjos e símbolos como a estrela de Belém e os Reis Magos estão sendo substituídos por flores, noéis, renas, arabescos e imagens abstratas que afastam o povo de sua tradição católica e cristã, em nome de uma sociedade laica e mais afeita ao comércio e à superficialidade do que à meditação cristã, à oração e à alegria do nascimento de Jesus Cristo, o real motivo da festa.

Cada uma dessas tradições carrega consigo um significado especial e contribui para a riqueza cultural do nosso país. O Natal no Brasil é uma colcha de retalhos de fé, alegria, família e muita diversidade!

O NATAL DO SENHOR NO MUNDO

É importante ressaltar que, a partir do século IV, o Natal passou a ser comemorado como o conhecemos. As comemorações católicas referiam-se principalmente à Páscoa, ainda hoje o foco da Igreja, por meio da mãe de todas as Vigílias, a Vigília Pascal, que sucede a Semana Santa e marca a paixão, a morte e a ressurreição de Jesus Cristo, cuja prefiguração, como mencionado anteriormente, é o Natal.

Entretanto, essa interpretação só surge séculos depois. No Hemisfério Norte, a imagem do cenário natalino é composta de neve, frio e tradições de inverno que inspiraram filmes, músicas e práticas desse tempo. Nem sempre católicas, essas tradições prevalecem no mundo, mas vamos destacar aqui aquelas que têm a mesma relação universal com o nascimento do menino Jesus.

A trilha sonora que traz a presença do Salvador

Noite feliz, a mais popular

A história da canção "Noite feliz" é bastante interessante e cheia de significado.

Escrita em 1816 pelo padre Joseph Mohr, nasceu como um poema que expressava paz e serenidade diante do nascimento de Jesus, em meio a tempos difíceis na Europa.

Dois anos depois, já em Oberndorf, Mohr pediu ao amigo Franz Xaver Gruber que compusesse uma melodia para seus versos. O pedido ocorreu na véspera de Natal de 1818, para que a música fosse apresentada durante a celebração.

Como o órgão da igreja estava inutilizado por uma inundação, Gruber criou uma melodia simples e suave, feita para ser tocada no violão. Essa solução deu à canção uma leveza especial e a aproximou ainda mais do povo.

Naquela noite, "Noite feliz" foi executada pela primeira vez na pequena igreja de Oberndorf. A melodia encantou os fiéis e rapidamente começou a se espalhar por toda a Áustria.

Traduzida para diversas línguas, a canção se tornou um dos hinos mais conhecidos do Natal. Até hoje, transmite uma mensagem de paz, amor e esperança, convidando todos a refletirem sobre o verdadeiro sentido dessa celebração.

Noite feliz

Noite feliz, noite feliz
Ó Senhor, Deus de amor
Pobrezinho nasceu em Belém
Eis na lapa Jesus, nosso bem
Dorme em paz, ó Jesus
Dorme em paz, ó Jesus
Noite feliz, noite feliz
Ó Jesus, Deus da luz
Quão afável é teu coração
Que quiseste nascer nosso irmão
E a nós todos salvar
E a nós todos salvar
Noite feliz, noite feliz
Eis que no ar vem cantar
Aos pastores, os anjos no céu

Anunciando a chegada de Deus

De Jesus Salvador

De Jesus Salvador

Noite feliz, noite feliz

Ó Senhor, Deus de amor

Pobrezinho nasceu em Belém

Eis na lapa Jesus, nosso bem

Dorme em paz, ó Jesus

Dorme em paz, ó Jesus

Stille Nacht (Letra original em alemão)

Stille Nacht, heilige Nacht!
Alles schläft, einsam wacht
nur das traute, hochheilige Paar,
holder Knabe im lockigen Haar,
schlaf in himmlicher Ruh,
schlaf in himmlicher Ruh!
Stille Nacht, heilige Nacht!
Hirten erst kund gemacht,
durch der Engel Halleluja
tönt es laut von fern und nah:
Christ der Retter ist da!

Christ der Retter ist da!
Stille Nacht, heilige Nacht!
Gotte Sohn, o wie lacht
Lieb aus deinem göttlichen Mund,
da uns schlägt die rettende Stund,
Christ in deiner Geburt!
Christ in deiner Geburt!

O Natal italiano

O PRESÉPIO É MEMÓRIA DAQUELA NOITE SANTA

No ano de 1223, São Francisco de Assis, profundamente tocado pelo espírito do Natal e desejoso de promover uma vivência mais concreta e sensível do mistério do nascimento de Jesus Cristo, idealizou a criação do primeiro presépio. Naquela época, a celebração do Natal era sobretudo litúrgica e distante da experiência popular. São Francisco, com sua simplicidade e amor ao próximo, quis aproximar o povo da mensagem cristã por meio de uma representação visual e vivencial.

Ele escolheu a pequena aldeia de Greccio, na Itália, para realizar essa inovadora celebração. Com a autorização do Papa Honório III, São Francisco organizou uma encenação na qual um estábulo foi preparado com palha e animais reais – bois e jumentos – para reproduzir o cenário humilde em que Jesus nasceu. Além disso, colocaram um menino vivo para representar Jesus e simbolizar sua presença.

Durante a missa celebrada por São Francisco, ali mesmo naquele presépio improvisado, os fiéis puderam contemplar de forma palpável o nascimento do Salvador. Essa experiência sensorial profunda visava a despertar nos corações a ternura e a humildade do mistério cristão, fazendo com que o Natal deixasse de ser apenas uma festa distante e se tornasse uma realidade presente na vida das pessoas.

A iniciativa de São Francisco rapidamente se espalhou pela Europa medieval, tornando-se uma tradição que perdura até hoje em inúmeras culturas ao redor do mundo. O presépio não é apenas uma decoração natalina, ele representa um convite à contemplação da simplicidade, da paz e do amor encarnados no nascimento de Jesus.

Portanto, o presépio nasceu como um gesto profundamente evangelizador e pedagógico, fruto da criatividade espiritual de São Francisco de Assis, que buscou tornar visível o invisível: o amor divino manifestado na fragilidade humana do menino Jesus.

Como falamos anteriormente, foi o italiano São Francisco de Assis, na Itália, que criou a tradição dos presépios, como também é de origem italiana o panetone que se popularizou no Brasil, ainda que de paladar próprio. Se

São Francisco, por Peter Paul Rubens (c.1615)

no Brasil temos hoje versões nacionais como os recheios de goiabada, chocolate e frutas tropicais, em muitas regiões da Itália a tradição é o pandoro, um pão de ló em formato de montanha que, quando cortado, suas fatias em forma de estrela são montadas em camadas e recheadas com creme caseiro e frutas secas.

Na Itália, apesar das diferenças culturais, os católicos mantêm as tradições da Igreja, e a liturgia obedece ao rito universal do Advento: novenas, vigílias e respeito ao tempo do Natal.

Na parte musical, "Tu scendi dalle stelle", ou "Tu desces das estrelas", é a canção natalina mais popular da Itália. A letra e a música foram compostas em dezembro de 1754 pelo santo e teólogo italiano Santo Afonso Maria de Ligório, na cidade de Nola.

A letra da canção reflete a ideia do nascimento de Jesus e a sua descida do céu para a Terra, celebrando o amor e a humildade que ele trouxe ao mundo. A melodia é bastante conhecida e frequentemente cantada em celebrações natalinas na Itália e em outras partes do mundo. Ela se tornou um símbolo do Natal italiano, sendo interpretada por muitos artistas ao longo dos anos, como Andrea Bocelli, e presente em diversas tradições natalinas.

Quanto ao gênero, é uma suave *pastorale*, baseada na tradicional música zampogna, um tipo de gaita de foles italiana. Apresentando medidores rítmicos oscilantes, essas *pastorales* musicais visavam a evocar a vida do campo e eram comuns durante o período barroco (principalmente na Itália), utilizadas por compositores como Corelli, Scarlatti, Vivaldi e Handel. Nos cenários de Natal, as *pastorales* relembram a cena dos pastores reunidos na manjedoura.

O texto dessa canção de Natal é uma bela oração dirigida ao Nosso Senhor, lembrando o quanto custou verdadeiramente a nossa salvação. Embora seja o Criador do céu e da terra, Nosso Senhor aceitou a pobreza do estábulo, tremendo no frio intenso, sem roupas e calor. Isso nos lembra como, por seu infinito amor por nós, Nosso Senhor nos salvou do pecado e da morte.

Tu scendi dalle stelle

Tu scendi dalle stelle,
O Re del Cielo,
E vieni in una grotta,
Al freddo al gelo,
E vieni in una grotta,
Al freddo al gelo.
O Bambino mio Divino,
Io ti vedo qui a tremar,
O Dio Beato,
Ahi, quanto ti costò,
L'avermi amato.
Ahi, quanto ti costò,

L'avermi amato.
A te, che sei del mondo,
Il Creatore,
Mancano panni e fuoco;
O mio Signore.
Mancano panni e fuoco;
O mio Signore.
Caro eletto Pargoletto,
Quanto questa povertà,
Più mi innamora.
Giacché ti fece amor,
Povero ancora.
Giacché ti fece amor,
Povero ancora.

LETRA EM PORTUGUÊS

Tu desces das estrelas,
ó Rei do Céu,
e vens para uma gruta,
ao frio, ao léu,
e vens para uma gruta,
ao frio, ao léu,
Ó menininho, meu divino,
eu te vejo aqui a tremer,
Ó Deus beato,
Ah, Que preço tu pagaste,

por ter-nos amado!
Ah, Que preço tu pagaste,
por ter-nos amado!
A ti, que és do mundo
o Criador,
Faltaram roupa e fogo;
ó meu Senhor.
Faltaram roupa e fogo;
ó meu Senhor.
Querido pequenino eleito,
Como esta pobreza,
Me apaixona mais.
Porque o amor tornou-te,
Pobre demais.
Porque o amor tornou-te,
Pobre demais.

A primeira canção de Natal

A canção "Veni, veni, Emmanuel" é um hino cristão que possui raízes profundas na tradição litúrgica. A letra em latim foi provavelmente composta na Alemanha em 1710, e a melodia que conhecemos hoje remonta ao século XV, com origens na França.

Embora o compositor original da melodia não seja identificado, o hino ganhou popularidade através de várias adaptações e arranjos ao longo dos anos. Uma das adaptações mais notáveis foi feita pelo compositor James MacMillan, que criou um concerto baseado nessa canção em 1991.

Entre as principais interpretações de "Veni, veni, Emmanuel", destacam-se versões de artistas e grupos corais que a interpretam em celebrações natalinas. Algumas interpretações famosas incluem versões de The Cambridge Singers, The King's College Choir e Enya, em seu álbum de Natal.

A canção é frequentemente usada em serviços religiosos e concertos durante a época do Advento, simbolizando a esperança e a expectativa pela vinda do Messias.

Veni, veni, Emmanuel

Veni, veni, Emmanuel
Captivum solve Israel
Qui gemit in exsilio
Privatus Dei Filio
Gaude! Gaude! Emmanuel
Nascetur pro te Israel!
Veni, O Sapientia
Quae hic disponis omnia
Veni, viam prudentiae
Ut doceas et gloriae
Gaude! Gaude! Emmanuel
Nascetur pro te Israel!

Veni, veni O Oriens
Solare nos adveniens
Noctis depelle nebulas
Dirasque mortis tenebras
Gaude! Gaude! Emmanuel
Nascetur pro te Israel!
Veni, Clavis Davidica
Regna reclude caelica
Fac iter tutum superum
Et claude vias inferum
Gaude! Gaude! Emmanuel
Nascetur pro te Israel!
Veni, veni, Adonai
Qui populo in Sinai
Legem dedisti vertice
In maiestate gloriae
Gaude! Gaude! Emmanuel
Nascetur pro te Israel!

VEM, VEM, EMANUEL (LETRA EM PORTUGUÊS)

Vem, vem, Emanuel
Liberta o cativo Israel
Que geme no exílio
Privado do Filho de Deus
Alegra-te! Alegra-te! Emanuel
Israel nascerá por ti!

Vem, vem, Rei das Nações
Vem, Redentor de todos
Para salvar teus servos
Conscientes de seus pecados
Vem, vem, Ó Oriente
Vem nos consolar ao chegar
Afugenta as névoas da noite
E as terríveis trevas da morte
Vem, Chave de Davi
Abre os reinos celestiais
Torna seguro o caminho dos céus
E fecha as vias do inferno
Vem, Ó vara de Jessé
Pisa teus inimigos
Tira-os do abismo do tártaro
E do antro do abismo
R: Alegra-te! Alegra-te! Emanuel
Israel nascerá por ti!
Israel nascerá por ti!
Vem, vem, Adonai
Que deste a lei ao povo no Sinai
Com majestade e glória
Vem, Ó Sabedoria
Que tudo aqui ordenas
Vem, caminho da prudência
Para ensinar e glorificar

PAPAI NOEL EXISTE?

Há uma forte relação entre Papai Noel e São Nicolau, e realmente São Nicolau é considerado a origem do Papai Noel. Mas quem foi São Nicolau de Mira?

São Nicolau nasceu por volta do ano 270 d.C. na cidade de Patara, na Lícia, que hoje faz parte da Turquia. Ele viveu em um período em que o Império Romano ainda era vasto e o cristianismo estava em expansão, mas também enfrentava perseguições. Ele se tornou bispo da cidade de Mira.

Características e virtudes

Nicolau era conhecido por sua bondade, generosidade e zelo pela fé. Ele se destacou por sua devoção a Deus e por sua preocupação com os pobres, os doentes e os necessitados. Não era um homem rico, mas usava os bens que herdou de seus pais para ajudar os pobres.

Lendas e milagres famosos

A fama de São Nicolau se espalhou rapidamente por causa de suas ações caridosas e dos milagres que lhe eram atribuídos. Algumas das histórias mais famosas incluem:

1. *Os três dotes para as filhas do pobre*: esta é talvez a história mais conhecida que deu origem à tradição de dar presentes. Havia um homem muito pobre em Mira que tinha três filhas e não tinha dinheiro para dar um dote a nenhuma delas, o que as impediria de

se casarem. Desesperado, ele pensou em levá-las para a prostituição. Nicolau, ao saber disso, decidiu ajudar. Em três noites diferentes, ele jogou secretamente três sacos de moedas de ouro pela janela do quarto das moças. Com essas moedas, as filhas puderam se casar dignamente. Diz a lenda que Nicolau jogou o ouro pela janela, que caiu em meias que estavam secando perto da lareira, o que inspirou a tradição de pendurar meias de Natal.

2. *O milagre dos três médicos*: outra lenda conta que três médicos foram injustamente condenados à morte por um governador corrupto. Nicolau teria intervindo e, com sua oração, os médicos foram salvos antes de serem executados.
3. *Salvação dos marinheiros*: quando Nicolau era jovem e viajava pelo mar, uma tempestade terrível se abateu sobre o navio. Ele teria acalmado a tempestade com sua oração, salvando a tripulação. Por isso, ele também é considerado o padroeiro dos marinheiros.
4. *O milagre dos grãos*: em um tempo de fome em Mira, Nicolau teria intercedido para que navios carregados de trigo, que estavam de passagem, fossem desviados para a cidade, salvando a população da fome.

Participação no Concílio de Niceia

Historiadores confirmam que Nicolau de Mira participou do Primeiro Concílio de Niceia em 325 d.C., um evento crucial na história da Igreja. Há relatos de que ele teria dado um tapa no rosto de Ário, um herege que negava a divindade de Jesus Cristo, o que demonstra seu fervor e sua defesa intransigente da fé. Por esse ato, ele teria sido temporariamente deposto e preso, mas depois liberado e reintegrado.

O legado de Santa Claus

São Nicolau morreu em 6 de dezembro de 343 d.C. Sua tumba em Mira se tornou um local de peregrinação, e sua fama de generosidade e milagres se espalhou por toda a Europa.

A tradição de São Nicolau como um benfeitor que dá presentes se consolidou na Idade Média, especialmente em países como a Holanda, onde ele era conhecido como *Sinterklaas*. Quando os colonos holandeses chegaram à América do Norte, trouxeram consigo essa tradição. Com o tempo, o nome *Sinterklaas* foi anglicizado para "Santa Claus", e a figura foi gradualmente associada ao Natal, ganhando as características que conhecemos hoje, como o traje vermelho, a barba branca e a entrega de presentes na véspera de Natal, em grande parte graças a poemas e ilustrações populares do século XIX.

São Nicolau, autor desconhecido (s.d.)

Portanto, São Nicolau de Mira foi um bispo real, conhecido por sua santidade e bondade, cujas ações caridosas inspiraram a figura lendária do Papai Noel, que encanta crianças e adultos em todo o mundo.

A TRANSFORMAÇÃO EM PAPAI NOEL

A figura de São Nicolau começou a se transformar ao longo dos séculos. Com o passar do tempo, suas histórias de generosidade e doações se misturaram com tradições pagãs e folclóricas da Europa. No século XIX, especialmente nos Estados Unidos, a figura de Papai Noel começou a tomar forma com características mais modernas, como o traje vermelho e a imagem alegre que conhecemos hoje.

DUAS IMAGENS, GRANDES DIFERENÇAS

Embora Papai Noel e São Nicolau compartilhem raízes comuns, eles têm propósitos diferentes na cultura popular. Enquanto São Nicolau é visto como um modelo cristão de generosidade e fé para todas as idades, Papai Noel é mais associado à celebração do Natal e à alegria infantil.

Portanto, podemos dizer que Papai Noel é uma representação moderna da figura histórica de São Nicolau. A essência da bondade e generosidade permanece em ambos, mas os contextos em que são celebrados são bastante distintos. Enquanto São Nicolau pratica atos de caridade que incluem defender a fé, os mais necessitados e interceder

São Nicolau ressuscitando três jovens, por Bicci di Lorenzo (c. 1433)

por pessoas em perigo, o pai Noel atual é uma figura folclórica, secularizada e comercializada, associada à comemoração familiar, trazendo alegria e criando um ambiente festivo, principalmente para as crianças.

Os atos de São Nicolau, discretos e por vezes anônimos, tinham como recompensa a salvação e a graça; e a gratidão por elas era dirigida a Deus, e não ao bispo Nicolau, apenas um instrumento da misericórdia divina. Já Papai Noel entrega presentes de forma pública e esperada, e a recompensa é material, condicionada ao bom comportamento das crianças.

A Coca-Cola inventou o Papai Noel?

A relação entre Papai Noel e a Coca-Cola é bastante interessante e influente, mas é importante esclarecer que a Coca-Cola não criou o Papai Noel. No entanto, ela teve um papel significativo na popularização da imagem moderna que conhecemos hoje.

A campanha de marketing da Coca-Cola

A Coca-Cola começou a usar a figura do Papai Noel em suas campanhas publicitárias na década de 1920. O artista Haddon Sundblom foi contratado para criar ilustrações que mostrassem um Papai Noel alegre, saudável e amigável, sempre consumindo a bebida. Essas imagens ajudaram a moldar a percepção do público sobre o personagem.

Antes das campanhas, a imagem do Papai Noel já existia, mas era mais variada e não tão padronizada, com o pai Noel sendo representado magro, mais jovem e vestido com roupa verde. A Coca-Cola ajudou a estabelecer o visual do Papai Noel como um homem robusto, de barba branca, vestido com um traje vermelho e branco. Essa representação se tornou icônica e é amplamente reconhecida até hoje.

CONSOLIDAÇÃO NO IMAGINÁRIO COLETIVO

As campanhas da Coca-Cola foram tão bem-sucedidas que solidificaram a presença do Papai Noel no imaginário coletivo como um símbolo do Natal. A associação do personagem com o Natal e o espírito festivo foi amplificada pela marca, tornando-se parte essencial das celebrações natalinas em várias culturas ao redor do mundo, mas é importante ressaltar que essa é uma perspectiva laica, diferente do que orienta a Igreja Católica.

Portanto, a Coca-Cola não "inventou" o Papai Noel, mas sua contribuição para a popularização da imagem moderna foi crucial. A combinação de marketing criativo e uma representação cativante ajudou a criar a figura alegre e generosa que todos conhecemos hoje.

ÁRVORE DE NATAL, ÁRVORE DA VIDA

Uma árvore que dá frutos marcados com virtudes, autor desconhecido (s.d.)

A árvore de Natal é uma tradição que, embora tenha raízes em práticas pagãs, foi incorporada e reinterpretada pela Igreja Católica ao longo dos séculos. Sua origem é frequentemente associada a São Bonifácio, um monge inglês que se tornou conhecido como o apóstolo da Alemanha, e a tradição da decoração da árvore de Natal rapidamente se espalhou pela Europa. A Igreja adotou essa prática, associando-a à "árvore da vida" do Jardim do Éden, simbolizando a esperança e a renovação que o nascimento de Jesus Cristo traz.

A árvore é montada tradicionalmente no primeiro domingo do Advento, um período de preparação para o Natal. A desmontagem ocorre após o Dia de Reis (6 de janeiro), marcando o final das festividades natalinas.

Uma jornada das tradições pagãs ao símbolo cristão

A árvore de Natal, como a conhecemos hoje, é o resultado de uma longa e complexa evolução cultural, cujas raízes se entrelaçam com práticas ancestrais e, posteriormente, com a celebração cristã do nascimento de Jesus Cristo.

Desde tempos imemoriais, diversas culturas pagãs celebravam o solstício de inverno (o dia mais curto do ano, por volta de 21 de dezembro) com rituais que envolviam a reverência a árvores perenes. Acredita-se que o uso de ramos e árvores verdes durante esse período tinha um profundo significado simbólico:

1. Renovação da vida e esperança: em meio à escuridão e ao frio do inverno, as árvores que mantinham suas folhas verdes eram vistas como símbolos de vida, vitalidade e esperança. Elas representavam a promessa de que a primavera retornaria e a vida se renovaria.
2. Proteção e fertilidade: em algumas tradições, acreditava-se que as árvores perenes possuíam poderes mágicos de proteção contra espíritos malignos e que sua presença trazia fertilidade para a terra e para as pessoas. Ritos de fertilidade frequentemente envolviam a dança ao redor ou a decoração de árvores.
3. Conexão com o divino: para muitas culturas, as árvores eram consideradas sagradas, pontos de conexão entre o mundo terreno e o mundo espiritual, ou mesmo moradas de deuses e espíritos.

A transição para o contexto cristão

Com a expansão do cristianismo pela Europa, houve um processo de sincretismo, em que muitas tradições pagãs foram adaptadas ou reinterpretadas dentro da nova fé. A árvore de Natal é um exemplo notório desse fenômeno.

São Bonifácio e o Carvalho de Júpiter

São Bonifácio (c. 675-754 d.C.), nascido em Winfried, na Inglaterra, foi um missionário beneditino que desempenhou um papel crucial na cristianização da Europa Central, especialmente na Alemanha. A história que conecta São Bonifácio à árvore de Natal remonta ao século VIII:

CONFRONTO COM O PAGANISMO

Durante sua missão evangelizadora na região de Hesse, na Alemanha, São Bonifácio deparou-se com um antigo e imponente carvalho, conhecido como o "Carvalho de Júpiter" ou "Carvalho de Thor". Essa árvore era um centro de adoração pagã, onde os locais realizavam sacrifícios e rituais em honra aos seus deuses.

Para demonstrar a superioridade do cristianismo e a impotência dos deuses pagãos, São Bonifácio, em um ato de audácia e fé, decidiu derrubar o Carvalho de Júpiter. Relatos sugerem que ele o fez com a ajuda de seus companheiros, utilizando um machado, quando aconteceu o Milagre da Abeto: enquanto o carvalho caía, uma tempestade se formou, mas milagrosamente poupou São Bonifácio e seus seguidores. Em seu lugar, ou talvez emergindo das raízes do carvalho derrubado, surgiu um pequeno abeto (ou pinheiro).

São Bonifácio teria interpretado o abeto como um símbolo do cristianismo pelo fato de o pinheiro reunir características sagradas:

- Forma triangular: sua forma cônica, apontando para o céu, representaria a Santíssima Trindade (Pai, Filho e Espírito Santo).

Bonifácio corta o carvalho sagrado, por Reinier Vinkeles (c.1755)

- Folhas perenes: suas folhas verdes durante todo o ano simbolizariam a vida eterna e a esperança que o cristianismo oferece.
- O coração da floresta: o fato de ter aparecido no local de um antigo centro pagão indicaria a vitória do cristianismo sobre as antigas crenças.

A EVOLUÇÃO DA TRADIÇÃO DA ÁRVORE

Embora a história de São Bonifácio seja mais uma lenda que explica a origem do uso do pinheiro como símbolo cristão, a prática de decorar árvores em casas para o Natal só se popularizou muito mais tarde, a partir da Alemanha nos séculos XVI e XVII. Martinho Lutero, o protestante, é creditado por ter sido um dos primeiros a colocar velas acesas em uma árvore de Natal, para representar as estrelas brilhando no céu noturno, criando um ambiente mágico para sua família, e, por conta dessa influência cismática, muitos católicos preferem adotar apenas o presépio para adornar sua casa no tempo de Advento e Natal.

ADVENTO, TEMPO DE ESPERANÇA

Na tradição católica, o Advento é um período de grande significado e importância, que se estende desde o domingo mais próximo do dia 30 de novembro até a véspera do Natal. Esse tempo é caracterizado por uma atmosfera de espera e preparação, convidando os fiéis a refletirem sobre a vinda de Jesus Cristo ao mundo.

A palavra "Advento" deriva do latim *adventus*, que significa "vinda" ou "chegada". Assim, o Advento é um convite à reflexão sobre a expectativa da chegada do Salvador. Durante essas quatro semanas, a liturgia da Igreja enfatiza temas como a esperança, a paz, a alegria e o amor, preparando os corações dos católicos para a celebração do nascimento de Cristo.

Cada domingo do Advento é marcado por uma vela acesa na coroa do Advento, simbolizando a luz que vai crescendo à medida que nos aproximamos do Natal. A primeira vela representa a esperança, a segunda simboliza a paz, a terceira é a alegria e a quarta representa o amor. Esse simbolismo é um lembrete da luz que Jesus traz ao mundo.

Além disso, o Advento não é apenas um tempo de espera passiva; é um convite à ação. Os católicos são encorajados a praticar atos de caridade, oração e reflexão espiritual. A confissão também é incentivada nesse período, como uma forma de purificação e renovação antes da celebração do Natal.

Em suma, o tempo do Advento é um momento propício para fortalecer a fé e preparar-se espiritualmente para acolher Jesus em nossos corações e em nossas vidas. É uma oportunidade valiosa para vivenciar os valores cristãos e partilhar com os outros o amor que recebemos através da vinda do Salvador.

As quatro velas do Advento

Durante as quatro semanas do Advento, é costume acender, à noite, uma vela em cada semana. Cada uma delas tem cores e significados específicos:

Primeira vela (roxa)

Acendida no primeiro domingo, simboliza a esperança e a preparação espiritual para a vinda de Cristo.

Segunda vela (roxa)

Acendida no segundo domingo, também é roxa e representa a paz.

Terceira vela (rosa)

Acendida no terceiro domingo, conhecida como "domingo da alegria", simboliza a alegria da aproximação do Natal.

Quarta vela (roxa)

Acendida no quarto domingo, representa o amor e a expectativa da chegada de Jesus.

Além dessas, em algumas tradições, uma vela branca pode ser utilizada no centro da coroa, representando o Natal em si, somadas às quatro principais mencionadas acima. Essas cores ajudam a guiar os fiéis em sua jornada espiritual durante o Advento.

NOVENA DO ADVENTO

(OU NOVENA DE NATAL)

A Novena do Advento ou de Natal é uma prática devocional muito rica e especial que antecede o Natal, focada na preparação espiritual para o nascimento de Jesus Cristo. Ela tem origem na tradição católica e é composta de nove dias de orações, meditações e reflexões, geralmente iniciando nove dias antes do Natal (embora algumas comunidades comecem no primeiro domingo do Advento, que dura quatro semanas).

Os principais aspectos da Novena do Advento

Estrutura

Nove dias de oração, cada um com uma intenção específica, muitas vezes relacionada a temas como fé, esperança, amor, paz, conversão e alegria. Cada dia pode incluir uma oração inicial, uma reflexão bíblica ou espiritual, pedidos pessoais e uma oração final. Cada dia de Novena se compõe de uma breve reflexão, da leitura de um versículo bíblico e de uma oração simples.

Temas comuns da Novena:

- A vinda de Jesus como Salvador
- O chamado à conversão e ao arrependimento

- O anúncio dos profetas sobre o Messias
- A humildade e simplicidade de Maria e José
- A luz que Jesus traz ao mundo

Relação com a liturgia

A Novena acompanha leituras bíblicas que falam sobre a espera do Messias (Isaías), o anúncio do nascimento de João Batista (precursor de Jesus) e o anúncio do nascimento de Jesus a Maria pelo anjo Gabriel.

Prática comunitária e familiar

Muitas famílias fazem a Novena juntas em casa, fortalecendo a fé em comunidade. Paróquias também organizam encontros especiais para rezar a Novena, acompanhados de cânticos natalinos.

Objetivo espiritual

Mais do que apenas rezar por nove dias, a Novena do Advento convida à transformação interior: despertar o amor por Cristo, renovar a esperança no mundo melhor que ele promete e se preparar para viver o Natal com mais sentido.

Com a Novena de Natal, começa a contagem regressiva para celebrar o nascimento de Jesus Cristo. Esses nove dias podem ser vividos intensamente em família, no trabalho, com a comunidade, o grupo da Igreja e tantas outras pessoas.

Recomenda-se rezar à Virgem, a São José e ao menino Jesus, refletindo e meditando sobre a vinda do Salvador.

Para celebrar esse tempo, trazemos a Novena disponibilizada pelo portal da Comunidade Canção Nova.

Como rezar a Novena?

Antes de cada dia da Novena, rezar:

Oração inicial

Deus benigno de infinita caridade que nos amastes tanto e que nos destes em vosso Filho a melhor oferta de vosso amor, para que, encarnado e feito nosso irmão no seio da Virgem, nascesse em um presépio para nossa saúde e remédio; nós vos damos graças por tão imenso benefício. De volta vos oferecemos, Senhor, o esforço sincero para fazer deste mundo, um mundo mais justo, mais fiel ao grande mandamento de nos amarmos como irmãos.

Concedei-nos, Senhor, vossa ajuda para poder realizá-lo. Pedimos-vos que este Natal, festa de paz e alegria, seja para nossa comunidade um estímulo a fim de que, vivendo como irmãos, procuremos mais e mais os caminhos da verdade, da justiça, do amor e da paz. Amém.

(*Rezar um Pai Nosso*)

Pôster de Natal, por Harvey Ellis (c. 1898)

Oração para a família

Senhor, fazei de nosso lar um lugar de vosso amor. Que não haja injúria porque nos dais compreensão. Que não haja amargura porque nos abençoais. Que não haja egoísmo porque nos alentais. Que não haja rancor porque nos dais o perdão. Que não haja abandono porque estais conosco. Que saibamos caminhar até vós em nosso viver cotidiano. Que cada manhã amanheça mais um dia de entrega e sacrifício. Que cada noite nos encontre com mais amor.

Fazei Senhor com nossas vidas, que quisestes unir, uma página cheia de vós. Fazei, Senhor, de nossos filhos o que desejardes, ajudai-nos a educá-los, orientá-los pelo vosso caminho. Que nos esforcemos no apoio mútuo. Que façamos do amor um motivo para amar-vos mais. Que quando amanhecer o grande dia de ir a seu encontro conceda nos encontrarmos unidos para sempre em vós. Amém.

Oração à Virgem

Soberana Maria, nós te pedimos por todas as famílias de nosso país; faz com que cada lar de nossa pátria e do mundo seja fonte de compreensão, de ternura, de verdadeira vida familiar. Que estas festas de Natal, que nos reúnem ao redor do presépio onde nasceu teu Filho, possam nos unir também no amor, que nos façam esquecer as ofensas e nos deem simplicidade para reconhecer os enganos que tenhamos cometido. Mãe de Deus e Nossa Mãe, intercedei por nós. Amém.

Oração a São José

Santíssimo São José, esposo de Maria e pai adotivo do Senhor, foste escolhido para fazer as vezes de pai no lar de Nazaré. Ajudai os pais de família; que eles sejam sempre no lar a imagem do pai celestial, a teu exemplo; que cumpram a grande responsabilidade de educar e formar seus filhos, entregando-lhes, com um esforço contínuo, o melhor de si mesmos. Ajudai os filhos a entender e apreciar o abnegado esforço de seus pais. São José, modelo de marido e pai, intercedei por nós. Amém.

(*Rezar um Pai Nosso*)

Meditações

De acordo com o dia da Novena (1º dia, 2º dia...). Ao final das meditações, rezar a Oração ao menino Jesus e os Gozos na página 122.

1º dia – Reconciliação

Vamos avaliar nossos valores de modo que o Natal seja o que deve ser: uma festa dedicada à RECONCILIAÇÃO. Dedicada ao perdão generoso e compreensivo que aprenderemos com um Deus compassivo. Com o perdão do Espírito Santo podemos nos reconciliar com Deus e com os irmãos e andar em uma vida nova.

É a boa notícia que São Paulo exclamou em suas cartas, tal como lemos em sua epístola aos Romanos 5:1-11:

> *1. Justificados, pois, pela fé temos a paz com Deus,*
> *por meio de nosso Senhor Jesus Cristo. 2. Por ele é que*
> *tivemos acesso a essa graça, na qual estamos firmes,*
> *e nos gloriamos na esperança de possuir um dia a*
> *glória de Deus. 3. Não só isso, mas nos gloriamos até*
> *das tribulações. Pois sabemos que a tribulação pro-*
> *duz a paciência, 4. a paciência prova a fidelidade e a*
> *fidelidade, comprovada, produz a esperança. 5. E a*
> *esperança não engana. Porque o amor de Deus foi der-*
> *ramado em nossos corações pelo Espírito Santo que nos*
> *foi dado. 6. Com efeito, quando éramos ainda fracos,*
> *Cristo a seu tempo morreu pelos ímpios. 7. Em rigor, a*
> *gente aceitaria morrer por um justo, por um homem de*
> *bem, quiçá se consentiria em morrer. 8. Mas eis aqui*
> *uma prova brilhante de amor de Deus por nós: quan-*
> *do éramos ainda pecadores, Cristo morreu por nós. 9.*
> *Portanto, muito mais agora, que estamos justificados*
> *pelo seu sangue, seremos por ele salvos da ira. 10. Se,*
> *quando éramos ainda inimigos, fomos reconciliados*
> *com Deus pela morte de seu Filho, com muito mais*
> *razão, estando já reconciliados, seremos salvos por sua*

vida. 11. Ainda mais: nós nos gloriamos em Deus por nosso Senhor Jesus Cristo, por quem desde agora temos recebido a reconciliação!

Viver o Natal é apagar as ofensas, se alguém nos ofende; e pedir perdão se tivermos ofendido a outros. Assim, do perdão nasce a harmonia e construímos a paz que os anjos anunciam em Belém: paz na terra aos homens que amam ao Senhor e se amam entre si. Os seres humanos podem nos ofender com ódio, ou podemos ser felizes em um amor que reconcilia. E essa boa missão é para cada um de nós: sermos agentes de reconciliação e não de discórdia, sermos instrumento de paz e semeadores de irmandade.

ANOTAÇÕES

....

....

....

....

....

....

....

....

2º dia – Compreensão

O segundo dia é dedicado à COMPREENSÃO. Compreensão é uma nota distintiva de todo verdadeiro amor. Podemos dizer que a encarnação de um Deus que se faz homem pode ler-se em chave desse grande valor chamado compreensão. É um Deus que fica em nosso lugar, que rompe as distâncias e compartilha nossos afãs e nossas alegrias. É graças a esse amor compreensivo de um Deus pai que somos filhos de Deus e irmãos entre nós. Deus, como afirma São João, nos mostra a grandeza de seu amor e nos chama a viver como filhos dele.

Ler a primeira carta de João 3:1-10:

> *1. E havia entre os fariseus um homem, chamado Nicodemos, príncipe dos judeus. 2. Este foi ter de noite com Jesus, e disse-lhe: Rabi, bem sabemos que és Mestre, vindo de Deus; porque ninguém pode fazer estes sinais que tu fazes, se Deus não for com ele. 3. Jesus respondeu, e disse-lhe: Na verdade, na verdade te digo que aquele que não nascer de novo, não pode ver o reino de Deus. 4. Disse-lhe Nicodemos: Como pode um homem nascer, sendo velho? Pode, porventura, tornar a entrar no ventre de sua mãe, e nascer? 5. Jesus respondeu: Na verdade, na verdade te digo que aquele que não nascer da água e do Espírito, não pode entrar no reino*

de Deus. 6. O que é nascido da carne é carne, e o que é nascido do Espírito é espírito. 7. Não te maravilhes de te ter dito: Necessário vos é nascer de novo. 8. O vento assopra onde quer, e ouves a sua voz, mas não sabes de onde vem, nem para onde vai; assim é todo aquele que é nascido do Espírito. 9. Nicodemos respondeu, e disse-lhe: Como pode ser isso? 10. Jesus respondeu, e disse-lhe: Tu és mestre de Israel, e não sabes isto?

Se de verdade atuarmos como filhos de Deus, não imitamos Caim, mas damos "a vida pelos irmãos" (1João 3:16). Com um amor compreensivo, somos capazes de ver as razões dos outros e ser tolerantes com suas falhas. Se o Natal nos tornar compreensivos, será um excelente Natal. Feliz Natal é aprender a nos colocarmos no lugar dos outros.

Anotações

....

....

....

....

....

....

3º dia – Respeito

O terceiro dia é dedicado ao RESPEITO. Uma qualidade do amor que nos move a aceitar os outros tal como são. Graças ao respeito, valorizamos a grande dignidade de toda pessoa humana feita à imagem e semelhança de Deus, mesmo se essa pessoa estiver errada. O respeito é fonte de harmonia, porque nos anima a valorizar as diferenças, como o faz um pintor com as cores ou um músico com as notas ou ritmos. Um amor respeitoso nos impede de julgar os outros, manipulá-los ou querer moldá-los ao nosso modo.

Sempre que penso no respeito, vejo Jesus conversando amavelmente com a mulher samaritana, tal como o narra São João no capítulo quarto de seu evangelho (João 4:7-15):

> *7. Veio uma mulher da Samaria tirar água. Pediu-lhe Jesus: Dá-me de beber. 8. (Pois os discípulos tinham ido à cidade comprar mantimentos.) 9. Aquela samaritana lhe disse: Sendo tu judeu, como pedes de beber a mim, que sou samaritana!... (Pois os judeus não se comunicavam com os samaritanos.) 10. Respondeu-lhe Jesus: Se conhecesses o dom de Deus, e quem é que te diz: Dá-me de beber, certamente lhe pedirias tu mesma e ele te daria uma água viva. 11. A mulher lhe replicou: Senhor, não tens com que tirá-la, e o poço é fundo... donde tens, pois, essa água viva? 12. És, porventura, maior*

do que o nosso pai Jacó, que nos deu este poço, do qual ele mesmo bebeu e também os seus filhos e os seus rebanhos? 13. Respondeu-lhe Jesus: Todo aquele que beber desta água tornará a ter sede, 14. mas o que beber da água que eu lhe der jamais terá sede. Mas a água que eu lhe der virá a ser nele fonte de água, que jorrará até a vida eterna. 15. A mulher suplicou: Senhor, dá-me desta água, para eu já não ter sede nem vir aqui tirá-la!

É um diálogo sem recriminações, sem condenações, no qual brilha a luz de uma delicada tolerância. Jesus não aprova que a mulher não conviva com seu marido, mas, em vez de julgá-la, a felicita por sua sinceridade. Atua como bom pastor e nos ensina a sermos respeitosos se de verdade queremos nos entender com os demais.

ANOTAÇÕES

....

....

....

....

....

....

4º dia – Sinceridade

O quarto dia é dedicado à SINCERIDADE. Uma qualidade sem a qual o amor não pode subsistir, já que não há amor onde há mentira. Amar é andar na verdade, sem máscaras, sem o peso da hipocrisia e com a força de integridade.

Só na verdade somos livres, como anunciou Jesus Cristo em João 8:31-36:

> *31. Jesus disse aos judeus que nele tinham acreditado: "Se permanecerdes na minha palavra, sereis verdadeiramente meus discípulos, 32. e conhecereis a verdade, e a verdade vos libertará." 33. Responderam eles: "Somos descendentes de Abraão, e nunca fomos escravos de ninguém. Como podes dizer: 'Vós vos tornareis livres'?" 34. Jesus respondeu: "Em verdade, em verdade vos digo, todo aquele que comete pecado é escravo do pecado. 35. O escravo não permanece para sempre numa família, mas o filho permanece nela para sempre. 36. Se, pois, o Filho vos libertar, sereis verdadeiramente livres."*

Só sobre a rocha firme da verdade pode se sustentar uma relação nas crises e nos problemas. Com a sinceridade, ganhamos a confiança e, com a confiança, chegamos ao entendimento e à unidade. O amor ensina a não agir como os egoístas e os soberbos que acreditam que sua verdade é a verdade universal.

Se o Natal nos aproximar da verdade, é um bom Natal, é uma festa em que acolhemos Jesus como "luz verdadeira que, vindo ao mundo, ilumina todo homem" (João 1:9). Luz verdadeira que nos afasta das trevas nos move a aceitar Deus como caminho, verdade e vida. Que nosso amor esteja sempre iluminado pela verdade, de modo que esteja também favorecido pela confiança.

ANOTAÇÕES

....

....

....

....

....

....

5º dia – Gratidão

O quinto dia é dedicado à GRATIDÃO. Ser grato é muito mais do que um simples "obrigado, Senhor". É um estado de espírito, uma perspectiva de vida que nos conecta com o bem, com o divino e com o próximo. Expressar gratidão a Deus e ao próximo fortalece os laços e constrói relacionamentos mais profundos e significativos. Em um nível mais amplo, uma sociedade em que a gratidão é praticada tende a ser mais cooperativa e harmoniosa.

Jesus e os apóstolos frequentemente enfatizam a importância de agradecer a Deus por suas dádivas e por sua salvação, como em Colossenses 3:15-17:

> *15. Triunfe em vossos corações a paz de Cristo, para a qual fostes chamados a fim de formar um único corpo. E sede agradecidos. 16. A palavra de Cristo permaneça entre vós em toda a sua riqueza, de sorte que com toda a sabedoria vos possais instruir e exortar mutuamente. Sob a inspiração da graça cantai a Deus de todo o coração salmos, hinos e cânticos espirituais. 17. Tudo quanto fizerdes, por palavra ou por obra, fazei-o em nome do Senhor Jesus, dando por ele graças a Deus Pai.*

Essa passagem liga a gratidão à paz, à sabedoria e à prática cristã em todas as áreas da vida. A gratidão é um caminho direto para a conexão com o divino. Reconhecer que as bênçãos vêm de Deus aprofunda nossa fé e humildade, pois nos coloca em um estado de reverência e reconhecimento, abrindo o coração para receber e para agir com amor e compaixão.

ANOTAÇÕES

....

....

....

....

....

....

6º dia – Simplicidade

O sexto dia é para valorizar a SIMPLICIDADE. Simplicidade que é a virtude das almas grandes e das pessoas nobres. Simplicidade que foi o adorno de Maria de Nazaré tal como ela mesma o proclama em seu canto *Magnificat*. "Meu espírito se alegra em Deus meu Salvador, porque olhou a humildade de sua serva" (Lucas 1:47-48).

Natal é uma boa época para desterrar o orgulho e tomar consciência de tantos males que conduzem à soberba. Nenhuma virtude nos aproxima tanto dos demais como a simplicidade e nenhum defeito nos afasta tanto como a arrogância. O amor só reina nos corações humildes, capazes de reconhecer suas limitações e de perdoar sua altivez. É graças à humildade que agimos com delicadeza, sem nos crer mais do que ninguém, imitando a simplicidade de um Deus que "se despojou de si mesmo e tomou a condição de servo" (Filipenses 2:1-11):

> *1. Se me é possível, pois, alguma consolação em Cristo, algum caridoso estímulo, alguma comunhão no Espírito, alguma ternura e compaixão, 2. completai a minha alegria, permanecendo unidos. Tende um mesmo amor, uma só alma e os mesmos pensamentos. 3. Nada façais por espírito de partido ou vanglória, mas que a humildade vos ensine a considerar os outros superiores a vós mesmos. 4. Cada qual tenha em vista não os seus próprios interesses, e sim os dos outros. 5. Dedicai-vos mutuamente a estima que se deve em Cristo Jesus. 6. Sendo ele de condição divina, não se prevaleceu de sua igualdade com Deus, 7. mas aniquilou-se a si mesmo, assumindo a condição de escravo e assemelhando-se aos homens. 8. E, sendo exteriormente reconhecido como homem, humilhou-se ainda mais, tornando-se obediente até a morte, e morte de cruz. 9. Por isso Deus o exaltou soberanamente e lhe outorgou o nome que está acima de todos os nomes, 10. para que ao nome de Jesus se dobre todo joelho no céu, na terra e nos infernos. 11. E toda língua confesse, para a glória de Deus Pai, que Jesus Cristo é Senhor.*

Crescer em simplicidade é um admirável presente para nossas relações. Recordemos que nessa pequenez há verdadeira grandeza e que o orgulho acaba com o amor.

Anotações

....

....

....

....

....

....

....

....

7º dia – Generosidade

O sétimo dia é para crescer em GENEROSIDADE. É a capacidade de dar com desinteresse, quando o amor ganha a corrida do egoísmo. É na entrega generosa de nós mesmos que se mostra a profundidade de um amor que não se esgota nas palavras. Isto é, o que celebramos no Natal: o gesto sem igual de um Deus que dá a si mesmo. São

Paulo destaca: "soberba também na generosidade... pois conheceis a generosidade de Nosso Senhor Jesus Cristo, que, sendo rico, por vós se fez pobre para que vos enriquecêsseis com sua pobreza". É uma passagem bíblica em que o apóstolo convida os Coríntios a compartilhar seus bens com os necessitados (2Coríntios 8:7-15):

> *7. Vós vos distinguis em tudo: na fé, na eloquência, no conhecimento, no zelo de todo gênero e no afeto para conosco. Cuidai de ser notáveis também nessa obra de caridade. 8. Não o digo como quem manda, mas, para exemplo do zelo dos outros, quisera pôr em prova a sinceridade de vossa caridade. 9. Vós conheceis a bondade de nosso Senhor Jesus Cristo. Sendo rico, se fez pobre por vós, a fim de vos enriquecer por sua pobreza. 10. Aqui vos dou apenas um conselho. Isso vos convém. Há um ano fostes os primeiros, não só a iniciar esta obra, mas mesmo os primeiros a sugeri-la. 11. Agora, pois, levai a termo a obra, para que, como houve prontidão em querer, assim também haja para a concluir, segundo as vossas posses. 12. Quando se dá de bom coração segundo as posses (evidentemente não do que não se tem), sempre se é bem recebido. 13. Não se trata de aliviar os outros fazendo-vos sofrer penúria, mas sim que haja igualdade entre vós. 14. Nas atuais circunstâncias, vossa abundância supra a indigência daqueles, para que, por seu turno, a*

abundância deles venha a suprir a vossa indigência. Assim reinará a igualdade, 15. como está escrito: O que colheu muito não teve sobra; e o que pouco colheu não teve falta.

Sabemos amar quando sabemos compartilhar, sabemos amar quando damos o melhor de nós mesmos em lugar de dar apenas coisas. Tomemos, pois, a melhor decisão: dar carinho, afeto, ternura e perdão; dar tempo, alegria e esperança. São os presentes que mais valem e não custam dinheiro. Demos amor, como dizia São João da Cruz: onde não há amor coloques amor e tirarás amor.

ANOTAÇÕES

....

....

....

....

....

....

....

....

8º dia – Fé

O oitavo dia é para assegurar a FÉ. Uma fé que é firme quando nasce de uma relação amistosa com o Senhor. Uma fé que é autêntica se está confirmada com as boas obras, de modo que a religião não seja apenas de rezas, ritos e tradições. Precisamos cultivar a fé com a Bíblia, a oração e a prática religiosa, porque a fé é nosso melhor apoio na crise. Necessitamos de uma fé grande em nós mesmos, em Deus e nos demais. Uma fé que ilumina o amor com a força da confiança, já que "o amor em tudo crê" (1Coríntios 13:7). Uma fé sem vacilações como queria Jesus em Marcos 11:22-24:

> *22. Respondeu-lhes Jesus: "Tende fé em Deus. 23. Em verdade vos declaro: todo o que disser a este monte: Levanta-te e lança-te ao mar, se não duvidar no seu coração, mas acreditar que sucederá tudo o que disser, obterá esse milagre. 24. Por isso, vos digo: tudo o que pedirdes na oração, crede que o tendes recebido, e vos será dado.*

A fé é a força da vida, e sem ela andamos à deriva. De fato, aquele que perdeu a fé, já não tem mais nada a perder. Que bom que cuidamos de nossa fé como se cuida de um tesouro! Que bom que nos possam saudar como à Virgem: "Feliz és tu que acreditaste" (Lucas 1:45).

ANOTAÇÕES

....

....

....

....

....

....

9º dia – Esperança e amor

O nono dia é para fortalecer a ESPERANÇA e o AMOR. Essas virtudes caminham junto da fé. São Paulo, em seu hino ao amor, recorda que ele "crê sem limites e espera sem limites" (1Coríntios 13:7). Uma fé viva, um amor sem medidas e uma esperança firme são como incenso, ouro e mirra: dão ânimo para viver e coragem para não cair.

Graças ao amor sonhamos com ideais maiores e pela esperança os alcançamos. São como asas que nos elevam, apesar dos obstáculos. Se amarmos a Deus, a nós mesmos e ao próximo, podemos viver o que São Pedro ensina: "Estejam sempre dispostos a dar razão de sua esperança, com doçura e respeito" (1Pedro 3:15-16). Se mantivermos acesa a chama da esperança e o fogo do amor, sua luz continuará brilhando mesmo após as luzes do Natal.

Oração ao menino Jesus

Senhor, Natal é a lembrança de teu nascimento entre nós, é a presença de teu amor em nossa família e em nossa sociedade. Natal é certeza de que o Deus do céu e da terra é nosso Pai, que tu, Divino Menino, és nosso irmão. Que esta reunião junto ao teu presépio nos aumente a fé em sua bondade, comprometa-nos a viver verdadeiramente como irmãos, nos dê valor para matar o ódio e semear a justiça e a paz. Ó Divino Menino, ensina-nos a compreender que onde há amor e justiça, ali estás tu e ali também é Natal. Amém.

(*Rezar um Glória ao Pai*)

Gozos

Meu doce Jesus, meu menino adorado! Vem a nossas almas! Vem, não demores tanto!

— Ó sapiência suma de Deus soberano que ao nível de um menino te rebaixaste. Ó Divino infante, vem para nos ensinar a prudência que faz verdadeiros sábios.

Meu doce Jesus, meu menino adorado! Vem a nossas almas! Vem, não demores tanto!

— Menino do presépio nosso Deus e irmão, tu sabes e entendes da dor humana; que quando sofrermos dores e angústias sempre lembremos que tu nos salvaste.

Meu doce Jesus, meu menino adorado! Vem a nossas almas! Vem, não demores tanto!

— Ó luz do oriente, sol de eternos raios que entre as trevas seu esplendor vejamos, Menino tão precioso, sorte do cristão, ilumina o sorriso de seus doces lábios.

Meu doce Jesus, meu menino adorado! Vem a nossas almas! Vem, não demores tanto!

— Rei das nações, ilustre Emanuel, de Israel pastor. Menino que apascenta com suave cajado a ovelha arisca ou o cordeiro manso.

Meu doce Jesus, meu menino adorado! Vem a nossas almas! Vem, não demores tanto!

— Abram-se os céus e chova do alto o bom orvalho, como santa irrigação. Venha belo menino, venha Deus encarnado; brilha bela estrela, brota a flor do campo.

Meu doce Jesus, meu menino adorado! Vem a nossas almas! Vem, não demores tanto!

— Tu te fizeste Menino em uma família cheia de ternura e calor humano. Que vivam os lares aqui congregados o grande compromisso do amor cristão.

Meu doce Jesus, meu menino adorado! Vem a nossas almas! Vem, não demores tanto!

— Do fraco és auxílio, do enfermo és amparo, consolo és do triste, luz do desterrado. Vida de minha vida, meu sonho adorado, meu constante amigo, meu divino irmão.

Meu doce Jesus, meu menino adorado! Vem a nossas almas! Vem, não demores tanto!

— Vem diante de meus olhos por ti enamorados, ora beije teus pés, ora beije tuas mãos. Prosternado em terra, te estendo os braços e, mais do que minhas frases, te diz meu pranto.

Meu doce Jesus, meu menino adorado! Vem a nossas almas! Vem, não demores tanto!

— Faz de nossa pátria uma grande família; semeia em nosso chão teu amor e tua paz, nos dê fé na vida, nos dê esperança e um sincero amor que nos una mais.

Meu doce Jesus, meu menino adorado! Vem a nossas almas! Vem, não demores tanto!

— Vem nosso Salvador, por quem suspiramos! Vem às nossas almas, vem, não demores tanto!

ANOTAÇÕES

....

....

....

....

....

....

A Virgem Maria com o menino Jesus, cercada por anjos,
por Carlo Maratta (c.1660)

AS MISSAS DE NATAL

A Missa do Galo, ou Vigília de Natal

A Missa do Galo, ou como é mais amplamente conhecida hoje em dia, Vigília de Natal, é uma celebração com raízes profundas e uma evolução fascinante ao longo dos séculos.

O surgimento da Missa do Galo: a designação "Missa do Galo" (em latim, *Missa in gallo cantu*) tem sua origem em uma lenda ou tradição popular. Acredita-se que o nome derive da história de que um galo foi o primeiro a anunciar o nascimento de Cristo. Em uma noite fria e escura, um galo cantou de forma inesperada, anunciando a chegada da luz ao mundo, o Salvador.

Uma das versões mais conhecidas dessa lenda, popularizada em contos medievais, conta a história de um pobre peregrino que não tinha onde deixar seu galo na noite de Natal. Ele o colocou no presépio ao lado do menino Jesus. Naquela noite, o galo cantou com uma clareza e beleza incomuns, como se anunciasse o evento sagrado. A partir daí, o canto do galo na madrugada de Natal passou a ser visto como um símbolo do anúncio do nascimento de Cristo.

O canto do galo na liturgia: historicamente, a Missa de Natal era celebrada em diferentes horários. No entanto, a celebração que se consolidou como a principal, especialmente para a população em geral, era a que ocorria à meia-noite. O canto do galo, que tradicionalmente ocorre ao amanhecer, foi associado metaforicamente a esse momento da madrugada, marcando o fim da noite e o início de um novo dia, assim como o nascimento de Jesus representava o fim da escuridão e o início de uma nova era de esperança e salvação.

Evolução litúrgica

Ao longo dos séculos, a celebração do Natal evoluiu e a Igreja Católica estabeleceu quatro missas para o Natal:

1. Missa da Meia-noite (Vigília de Natal): essa é a celebração mais tradicional e popular, realizada à meia-noite ou nas primeiras horas da manhã de 25 de dezembro. É frequentemente precedida por uma procissão com a imagem do menino Jesus. A liturgia dessa missa enfatiza o mistério da encarnação e o nascimento de Cristo na pobreza da manjedoura. Nessa celebração, diz-se ou canta-se a glória e proclama-se o Evangelho de Lucas 2:1-14:

    1. Naqueles tempos apareceu um decreto de César Augusto, ordenando o recenseamento de toda a terra. 2. Este recenseamento foi feito antes do governo de Quirino, na Síria. 3. Todos iam alistar-se, cada um na sua cidade. 4. Também José subiu da Galiléia, da cidade de Nazaré, à Judéia, à Cidade de Davi, chamada Belém, porque era da casa e família de Davi, 5. para se alistar com a sua esposa Maria, que estava grávida. 6. Estando eles ali, completaram-se os dias dela. 7. E deu à luz seu filho primogênito, e, envolvendo-o em faixas, reclinou-o num presépio; porque não havia lugar para eles na hospedaria. 8. Havia nos arredores uns pastores, que vigiavam e guardavam seu rebanho nos campos durante as vigílias da noite. 9. Um anjo do Senhor apareceu-lhes e a glória do Senhor refulgiu ao redor deles, e tiveram grande temor. 10. O anjo disse-lhes: Não temais, eis que vos anuncio uma boa nova que será alegria para todo o povo: 11. hoje vos nasceu na Cidade de Davi um Salvador, que é o Cristo Senhor. 12. Isto vos servirá de sinal: achareis um recém-nascido envolto em faixas e posto numa manjedoura. 13. E subitamente ao anjo se juntou uma multidão do exército celeste, que louvava a Deus e dizia: 14. Glória a Deus no mais alto dos céus e na terra paz aos homens, objetos da benevolência (divina).

Com o tempo e as reformas litúrgicas, especialmente após o Concílio Vaticano II, a celebração da meia-noite passou a ser chamada de "Vigília de Natal", um termo que abrange a ideia de estar vigilante, à espera do nascimento do Senhor. Trata-se de uma celebração mais longa, que começa tanto à meia-noite, com duração até a madrugada, como na véspera do Natal, no final da tarde ou começo da noite, até antes da meia-noite.

2. Missa da Aurora ou da Madrugada: celebrada ao amanhecer, com uma liturgia que reflete a luz que irrompe na escuridão, simbolizando a vinda de Cristo como a luz do mundo. Nessa missa, o Evangelho do dia, em continuidade à missa da Vigília, é Lucas 2: 15-20:

> *15. Depois que os anjos os deixaram e voltaram para o céu, falaram os pastores uns com os outros: "Vamos até Belém e vejamos o que se realizou e o que o Senhor nos manifestou". 16. Foram com grande pressa e acharam Maria e José, e o menino deitado na manjedoura. 17. Vendo-o, contaram o que se lhes havia dito a respeito deste menino. 18. Todos os que os ouviam admiravam-se das coisas que lhes contavam os pastores. 19. Maria conservava todas estas palavras, meditando-as no seu coração. 20. Voltaram os pastores, glorificando e louvando a Deus por tudo o que tinham ouvido e visto, e que estava de acordo com o que lhes fora dito.*

3. Missa no dia do Natal: realizada durante o dia, com uma liturgia que celebra a alegria do nascimento e a vinda do Salvador. Nessa missa, que se celebra durante o resto do dia e até a noite, o Evangelho que se medita é o de São João 1:1-18:

1. No princípio era o Verbo, e o Verbo estava junto de Deus e o Verbo era Deus. 2. Ele estava no princípio junto de Deus. 3. Tudo foi feito por ele, e sem ele nada foi feito. 4. Nele havia vida, e a vida era a luz dos homens. 5. A luz resplandece nas trevas, e as trevas não a compreenderam. 6. Houve um homem, enviado por Deus, que se chamava João. 7. Este veio como testemunha, para dar testemunho da luz, a fim de que todos cressem por meio dele. 8. Não era ele a luz, mas veio para dar testemunho da luz. 9. [O Verbo] era a verdadeira luz que, vindo ao mundo, ilumina todo homem. 10. Estava no mundo e o mundo foi feito por ele, e o mundo não o reconheceu. 11. Veio para o que era seu, mas os seus não o receberam. 12. Mas a todos aqueles que o receberam, aos que creem no seu nome, deu-lhes o poder de se tornarem filhos de Deus, 13. os quais não nasceram do sangue, nem da vontade da carne, nem da vontade do homem, mas sim de Deus. 14. E o Verbo se fez carne e habitou entre nós, e vimos sua glória, a glória que o Filho único recebe do seu Pai, cheio de graça e de verdade. 15. João dá testemunho dele, e exclama: "Eis aquele de quem eu disse: O que vem depois de mim é maior do que eu, porque existia antes de mim". 16. Todos nós recebemos da sua plenitude graça sobre graça. 17. Pois a Lei foi dada por Moisés, a graça e a verdade vieram por Jesus Cristo. 18. Ninguém jamais viu Deus. O Filho único, que está no seio do Pai, foi quem o revelou.

O lecionário utilizado para essa solenidade indica que: "Nas missas celebradas no dia de Natal utilizam-se as formas aqui indicadas; no entanto, é permitida a escolha das leituras mais adequadas de uma das três Missas: Missa da Meia-Noite, Missa da Madrugada ou Missa do dia", tendo em conta "a conveniência pastoral de cada assembleia". É importante lembrar que é um dia de preceito, portanto, a missa é obrigatória e você pode escolher qualquer horário para ir, mas quem assistir à missa da Vigília de Natal terá cumprido o preceito do dia do Natal.

1º de janeiro: a Solenidade de Maria, Mãe de Deus – um pilar teológico e espiritual

O dia 1º de janeiro na Igreja Católica é celebrado com a Solenidade de Maria, mãe de Deus (em latim, *Sancta Dei Genitrix*). Essa festa é uma das mais importantes em honra à Virgem Maria e tem raízes profundas na história da Igreja e na teologia cristã. Ela não é apenas um "Dia de Nossa Senhora" no sentido de uma devoção particular, mas sim uma celebração dogmática fundamental que afirma a própria natureza de Cristo e o papel central de Maria na história da salvação.

1. O dogma de Maria como *Theotókos*

O cerne da celebração de 1º de janeiro é o dogma de Maria como *Theotókos*, um termo grego que significa "aquela que gerou Deus" ou "mãe de Deus". Esse título foi solenemente proclamado no Concílio de Éfeso em 431 d.C., um dos concílios ecumênicos mais importantes da história da Igreja.

Naquela época, surgiu uma controvérsia teológica liderada por Nestório, Patriarca de Constantinopla. Nestório argumentava que Maria deveria ser chamada de *Christotókos* (mãe de Cristo) pois, segundo ele, Maria teria gerado apenas a natureza humana de Jesus, e não a divindade. Ele separava a pessoa de Cristo em duas naturezas distintas, a divina e a humana, de tal forma que parecia que o Filho de Deus apenas "habitava" em Jesus, o homem.

O Concílio de Éfeso, em sua sabedoria e sob a inspiração do Espírito Santo, reafirmou a unidade da pessoa de Jesus Cristo. A Igreja declarou que Jesus Cristo é uma única pessoa, na qual a natureza divina e a natureza humana estão inseparavelmente unidas. Portanto, a mulher que gerou Jesus, o homem, também gerou Jesus, o Filho de Deus. Chamar Maria de *Theotókos* era, portanto, afirmar a divindade de Cristo desde o seu nascimento e a verdade de sua encarnação. Se Maria não fosse mãe de Deus, então o Verbo de Deus não teria se encarnado verdadeiramente.

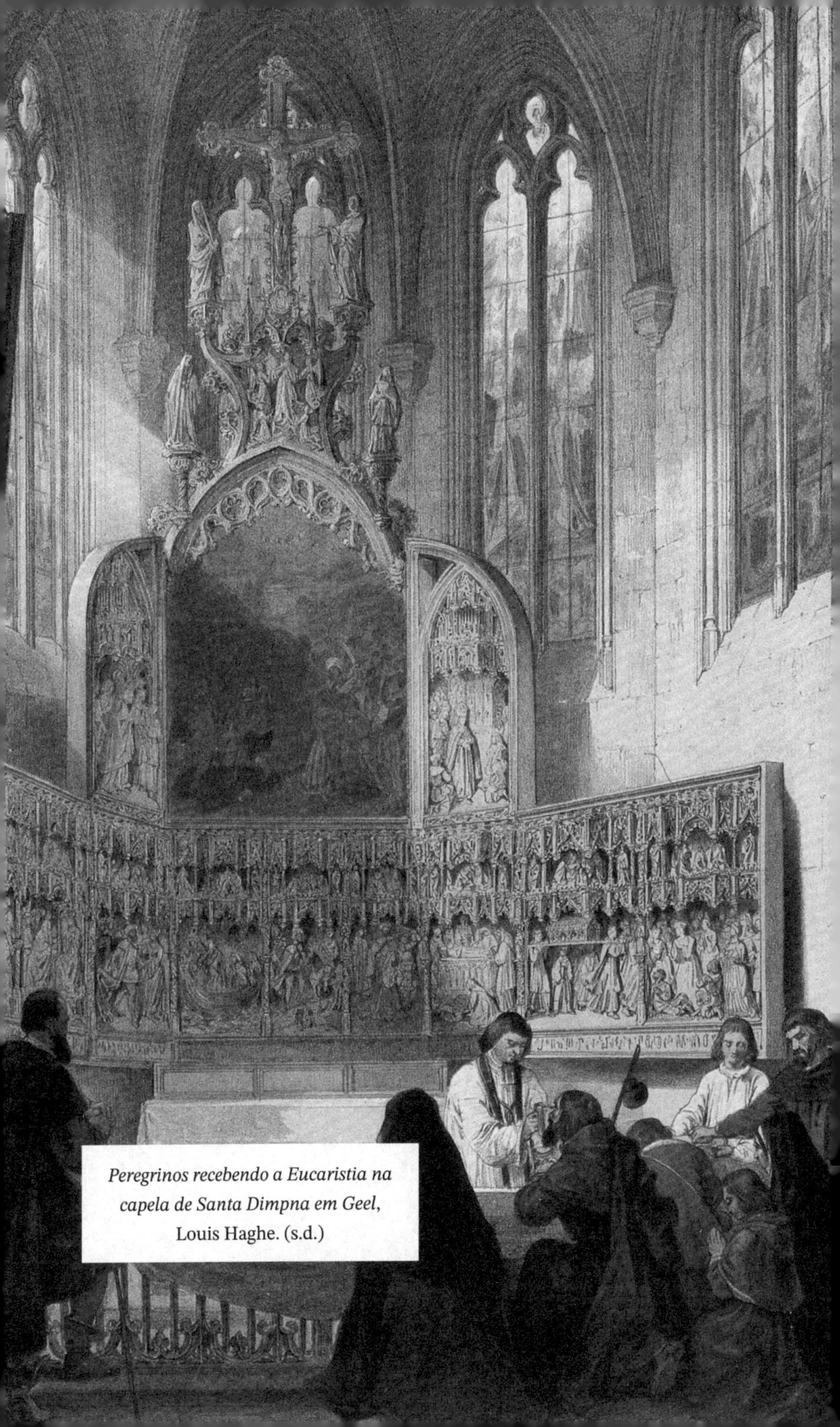

Peregrinos recebendo a Eucaristia na capela de Santa Dimpna em Geel, Louis Haghe. (s.d.)

A Sagrada Família,
por Joseph Paelinck (c. 1820)

2. A IMPORTÂNCIA DA SOLENIDADE NO INÍCIO DO ANO CIVIL

A escolha do dia 1º de janeiro para celebrar essa solenidade não é acidental. Ela carrega um significado simbólico e pastoral muito rico:

O oitavo dia após o Natal: liturgicamente, o dia 1º de janeiro cai no oitavo dia após a celebração do Natal do Senhor. O número oito na Bíblia frequentemente simboliza o início de uma nova era, a perfeição, a ressurreição e a eternidade. Celebrar a maternidade divina de Maria nesse dia ressalta que, com a Encarnação de Jesus, iniciou-se uma nova aliança, uma nova criação, e que a própria Maria é um sinal dessa nova realidade inaugurada por seu filho.

A saudação da paz e da maternidade divina: ao iniciar o ano civil, a Igreja nos convida a saudar o novo ano sob o olhar maternal de Maria, a mãe de Deus. É um convite para que a paz que Cristo trouxe ao mundo, e que Maria ajudou a gerar, seja a nossa aspiração para o ano que se inicia. É um momento para renovarmos nossa confiança na intercessão de Maria e em seu poder maternal de nos guiar para Deus.

Um chamado à santidade: a festa da mãe de Deus nos lembra que Maria, em sua santidade e obediência à vontade de Deus, tornou-se o canal através do qual a divindade se fez presente em nossa humanidade. Ela é o modelo supremo de discipulado e santidade, e seu exemplo nos inspira a viver uma vida mais próxima de Deus, buscando a santidade em nossas próprias vidas.

3. O EVANGELHO DO DIA (LUCAS 2:16-21)

> *16. Então correram para lá e encontraram Maria e José e o bebê deitado na manjedoura. 17. Depois de o verem, contaram a todos o que lhes fora dito a respeito daquele menino, 18. e todos os que ouviram o que os pastores diziam ficaram admirados. 19. Maria, porém, guardava todas essas coisas e sobre elas refletia em seu coração. 20. Os pastores voltaram glorificando e louvando a Deus por tudo o que tinham visto e ouvido, como lhes fora dito. 21. Completando-se os oito dias para a circuncisão do menino, foi-lhe posto o nome de Jesus, o qual lhe tinha sido dado pelo anjo antes de ele nascer.*

O evangelho acima lido narra a visita dos pastores à manjedoura e a imposição do nome de Jesus: os pastores, após ouvirem o anúncio dos anjos, correm a Belém e encontram Maria, José e o menino recém-nascido. Eles contam o que lhes foi dito sobre o menino.

Maria "guardava todas essas coisas e sobre elas refletia em seu coração". Essa frase é crucial. Ela revela a profunda vida interior de Maria, sua capacidade de contemplação e de discernimento espiritual. Ela não apenas presenciava os eventos mas os assimilava em sua fé, compreendendo seu significado à luz da palavra de Deus. Isso nos ensina a importância da reflexão e da oração em nossa própria vida de fé.

No oitavo dia, o menino é circuncidado e recebe o nome de Jesus, conforme o anjo havia ordenado. Esse nome, que significa "Deus salva", é a própria essência da missão de Cristo. Ao recebê-lo, Jesus se apresenta como o Salvador prometido, o cumprimento das profecias.

Portanto, o 1º de janeiro é muito mais do que um simples "Dia de Nossa Senhora", ou "Dia Mundial da Paz", em uma leitura mundana e laica. É a Solenidade da mãe de Deus, uma festa que celebra um dos dogmas mais fundamentais da nossa fé: a divindade de Jesus Cristo, afirmada através da maternidade divina de Maria. É um convite para iniciarmos o ano novo com a certeza da salvação que Deus nos oferece através de seu Filho, e para olharmos para Maria como nossa guia e intercessora maternal.

A oitava do Natal: celebração da divina encarnação e manifestação da glória

A oitava do Natal não é apenas a continuação das celebrações natalinas, mas uma fase litúrgica que aprofunda o mistério da encarnação do Verbo de Deus. Ela estende a Solenidade do nascimento de Jesus por sete dias após o dia 25 de dezembro, culminando na celebração da circuncisão e imposição do nome de Jesus no oitavo dia, ou, em algumas tradições, na Epifania. A liturgia dessa oitava é cuidadosamente orquestrada para revelar as múltiplas facetas da vinda de Cristo ao mundo e o significado salvífico de sua presença entre nós.

O evangelho lido na Missa do dia dentro dessa oitava nos oferece uma perspectiva crucial sobre a natureza divina de Cristo e o propósito de sua encarnação. Embora os evangelhos do dia 25 de dezembro e da oitava possam variar, vamos nos concentrar em um dos evangelhos mais representativos que poderiam ser lidos em um dia da oitava, que é Mateus 2:13-23, o relato da fuga para o Egito e o massacre dos inocentes:

> *13. Depois que partiram, um anjo do Senhor apareceu a José em sonho e lhe disse: "Levante-se, tome o menino e sua mãe, e fuja para o Egito. Fique lá até que eu diga a você, pois Herodes vai procurar o menino para matá-lo".*
> *14. Então ele se levantou, tomou o menino e sua mãe durante a noite e partiu para o Egito, 15. onde ficou até a morte de Herodes. E assim se cumpriu o que o Senhor tinha dito pelo profeta: "Do Egito chamei o meu filho".*
> *16. Quando Herodes percebeu que havia sido enganado pelos magos, ficou furioso e ordenou que matassem todos os meninos de dois anos para baixo, em Belém e nas*

> *proximidades, de acordo com a informação que havia obtido dos magos. 17. Então se cumpriu o que fora dito pelo profeta Jeremias: 18. "Ouviu-se uma voz em Ramá, choro e grande lamentação; é Raquel que chora por seus filhos e recusa ser consolada, porque já não existem". 19. Depois que Herodes morreu, um anjo do Senhor apareceu em sonho a José, no Egito, 20. e disse: "Levante-se, tome o menino e sua mãe e vá para a terra de Israel, pois estão mortos os que procuravam tirar a vida do menino". 21. Ele se levantou, tomou o menino e sua mãe e foi para a terra de Israel. 22. Mas, ao ouvir que Arquelau estava reinando na Judeia em lugar de seu pai Herodes, teve medo de ir para lá. Tendo sido avisado em sonho, retirou-se para a região da Galileia 23. E foi viver numa cidade chamada Nazaré. Assim cumpriu-se o que fora dito pelos profetas: "Ele será chamado Nazareno".*

Esse trecho do evangelho de Mateus, embora trágico em sua essência, é de uma profundidade teológica imensa quando inserido no contexto da oitava do Natal. Ele nos mostra que a vinda do Messias, o Rei dos Reis, não foi recebida com júbilo universal, mas com medo e violência por parte do poder terreno.

1. A fuga para o Egito: a providência divina e a proteção do Salvador.

   Após a visita dos Magos e o aviso em sonho de que não voltassem a Herodes, um anjo do Senhor aparece em sonho a José, dizendo: "Levante-se, tome o menino e sua mãe, e fuja para o Egito. Fique lá até que eu diga a você, pois Herodes vai procurar o menino para matá-lo". José obedece prontamente, e a Sagrada Família empreende uma perigosa jornada para o Egito.

Esse evento é uma demonstração clara da providência divina agindo para proteger o Salvador. O Egito, terra de escravidão para o antigo Israel, torna-se agora um refúgio para o novo Israel, representado por Jesus. Essa fuga prenuncia a própria jornada de Jesus pela história humana, uma jornada que, embora marcada por perseguições e sofrimentos, é sempre guiada e protegida por Deus. A obediência de José, que age confiando nas revelações divinas, é um modelo de fé e confiança nas promessas de Deus, mesmo diante de circunstâncias adversas. O fato de Jesus ser protegido por Deus desde o seu nascimento reafirma sua identidade divina e o plano salvífico que ele veio cumprir.

2. O massacre dos inocentes: a inocência vitimizada e o preço da verdade Herodes, percebendo que fora enganado pelos Magos, enfureceu-se e mandou matar todos os meninos de dois anos ou menos que viviam em Belém e em toda a região, baseando-se no tempo que ele havia apurado com os Magos.

Esse evento brutal é um dos momentos mais sombrios da narrativa natalina, mas carrega um significado teológico profundo. Os Santos Inocentes são considerados os primeiros mártires da Igreja, aqueles que derramaram seu sangue por Cristo antes mesmo de poderem conhecê-lo conscientemente. Eles representam a inocência vitimizada pelo mal e pela tirania. Sua morte, embora trágica, é vista pela fé como um sacrifício que, de certa forma, antecipa o sacrifício de Cristo na cruz.

A Igreja celebra sua memória com alegria, reconhecendo-os como testemunhas da verdade que o Rei recém-nascido trazia. A frase de São Mateus, citando Jeremias: "Em Ramá se ouviu um lamento, um choro e um grande pranto; era Raquel que chorava por seus filhos e não queria ser consolada, porque já não existem", ressalta a magnitude da dor, mas também a esperança que transcende o sofrimento.

3. O retorno ao Egito e a fixação em Nazaré: o cumprimento das profecias.

Após a morte de Herodes, o anjo aparece novamente a José em sonho no Egito, instruindo-o a retornar à terra de Israel. José, ao saber que Arquelau, filho de Herodes, reinava na Judeia, temendo novas perseguições, retira-se para a Galileia e estabelece sua morada em Nazaré.

O retorno e a fixação em Nazaré cumprem outra profecia: "Ele será chamado Nazareno" (Mateus 2:23). A vida em Nazaré, uma pequena e humilde aldeia, simboliza a vida oculta de Jesus, um período de crescimento e preparação para sua missão pública.

A escolha de Nazaré, um lugar de pouca importância, reforça a mensagem de que a salvação de Deus não se manifesta primordialmente através do poder e da glória mundana, mas na simplicidade e na humildade. A oitava do Natal, ao nos apresentar esses eventos, nos convida a contemplar a plenitude da encarnação, que envolve não apenas a alegria do nascimento mas também a realidade da fragilidade humana, da perseguição e da necessidade de uma fé inabalável em Deus, que guia e protege seu Filho em sua missão redentora.

Em suma, a Missa da Oitava do Natal, frequentemente iluminada por passagens como a fuga para o Egito e o massacre dos inocentes, expande nossa compreensão do Natal para além da manjedoura. Ela nos revela a coragem divina diante da adversidade, a proteção providencial de Deus sobre seu Filho e o significado redentor da inocência oferecida como primícia do sacrifício de Cristo. É uma celebração que nos chama a uma fé profunda, capaz de discernir a glória de Deus mesmo nos momentos de maior sofrimento e desafio.

O Dia de Reis: uma celebração de fé, tradição e confraternização

O Dia de Reis, celebrado em 6 de janeiro, marca o fim do período natalino e comemora um dos eventos mais emblemáticos do cristianismo: a Epifania do Senhor. Esse dia é de suma importância por diversas razões, englobando aspectos religiosos, históricos e culturais, com costumes que variam significativamente entre o mundo e, de forma particular, no Brasil.

Importância religiosa e teológica

A Epifania, palavra de origem grega que significa "manifestação" ou "aparição", refere-se à revelação de Jesus Cristo como Salvador para todos os povos, representada pela visita dos Reis Magos Melchior, Gaspar e Baltazar ao menino Jesus. Essa visita é um marco teológico fundamental, pois simboliza a universalidade da salvação oferecida por Cristo, que não se restringe apenas ao povo judeu mas se estende a todas as nações, representadas pelos Magos vindos do Oriente. A importância religiosa do Dia de Reis reside em:

1. Revelação universal: confirma a crença de que Jesus é o Messias prometido, o Salvador do mundo, acessível a todos, independentemente de sua origem ou etnia.
2. Adoração e reconhecimento: os Magos, ao adorarem ao menino e oferecerem seus presentes – ouro (símbolo de

realeza), incenso (símbolo de divindade) e mirra (símbolo de humanidade e sofrimento futuro) –, reconhecem a dupla natureza de Cristo: rei e Deus.

3. Fim do ciclo natalino: tradicionalmente, o Dia de Reis encerra as celebrações do Natal, marcando o momento em que os enfeites natalinos, como a árvore e o presépio, são desmontados.

Costumes universais e o significado da data

Em diversas partes do mundo, o Dia de Reis é celebrado com rituais e tradições que refletem sua importância. Em países como Espanha, Portugal e Itália, o Dia de Reis é uma das festas mais aguardadas, especialmente pelas crianças. Acredita-se que os Reis Magos são os responsáveis por trazer os presentes, superando a figura do Papai Noel em algumas tradições.

Na Espanha, a noite de 5 para 6 de janeiro é conhecida como a "Noche de Reyes", quando as crianças deixam seus sapatos limpos e com água e comida para os cavalos dos Reis Magos. No dia 6, a alegria se manifesta com a abertura dos presentes e a degustação do "Roscón de Reyes" (Bolo Rei), um pão doce com frutas cristalizadas e um pequeno presente escondido em seu interior.

Em Portugal, além da abertura de presentes, o "Cantar das Janeiras" (músicas populares que celebram a nova estação e pedem prosperidade) é uma tradição forte que se estende até o Dia de Reis. A desmontagem dos presépios também ocorre nesse dia.

Na Itália, a figura da "Befana" é proeminente. A Befana é uma velha bruxa bondosa que, na noite de 5 de janeiro, voa em sua vassoura para visitar as casas das crianças. Ela enche as meias das crianças boas com doces e das crianças travessas com carvão.

No Brasil, a celebração do Dia de Reis é marcada por uma mistura de influências religiosas e culturais:

1. Desmontagem do presépio e da árvore de Natal: assim como em Portugal, esse é o dia tradicionalmente dedicado a guardar os enfeites natalinos, simbolizando o encerramento das festividades.
2. Bolo de Reis: de origem portuguesa, esse é um doce comum em algumas regiões do Brasil, especialmente no Nordeste, com variações na receita, mas geralmente contendo frutas cristalizadas e castanhas.
3. Cantar de Reis: em algumas comunidades, especialmente no interior e em regiões com forte tradição folclórica, o "Cantar de Reis" ou "Reisado" é uma manifestação cultural importante. Grupos de pessoas, vestidos com trajes coloridos, percorrem as casas cantando músicas e apresentando autos que narram a história da visita dos Magos, pedindo donativos para a manutenção da tradição. Essa prática, embora

menos difundida nas grandes metrópoles, mantém viva a memória de uma rica herança cultural.

4. Presentes: embora a figura do Papai Noel tenha se popularizado, em muitas famílias brasileiras, a tradição de que os Reis Magos trazem os presentes ainda é mantida, especialmente para as crianças que escrevem cartas aos Magos.

Dia de Reis é uma data que transcende a mera despedida do Natal, carregando em si um profundo simbolismo religioso de revelação e universalidade e manifestando-se em costumes que celebram a fé, a família e a rica tapeçaria cultural de diferentes povos.

Três Reis Magos do Oriente, autor desconhecido (s.d.)

CS MELCHIOR + SCS GASPAR.

ENCERRAMENTO DO ADVENTO

Chegamos ao limiar de um dos momentos mais belos e profundos da vida litúrgica da Igreja: o Natal do Senhor. O Advento que vivemos foi um caminho de preparação, um tempo de espera ativa, de oração e conversão, que agora se desdobra na celebração do nascimento do Salvador. Mas esse encerramento não é um ponto-final: é, na verdade, um começo.

Durante quatro semanas, fomos chamados a vigiar com o coração desperto, a preparar os caminhos do Senhor, a endireitar o que estava torto dentro de nós. Somos agora convidados a contemplar a luz que brilhou nas trevas, a paz que veio ao mundo envolta na fragilidade de um recém-nascido. Mas essa paz não é superficial; é a paz que brota do encontro real com Cristo. Uma paz que não se compra, não se conquista com esforço humano apenas, mas que se recebe como dom. "Deixo-vos a paz, a minha paz vos dou" (João 14:27).

Encerrar o Advento não é apenas olhar para trás com gratidão pelo caminho percorrido, é deixar-se transformar por ele. É perceber que a espera moldou nosso coração para acolher Jesus com mais ternura, com mais verdade. A liturgia do Natal nos recorda que Deus entra na história humana não como um forasteiro, mas como alguém que quer fazer morada definitiva em nós. É por isso que a paz interior se torna, para o cristão, um sinal concreto de que o menino Deus não está apenas na manjedoura mas também no centro de sua vida.

Santa Maria (a Virgem Santíssima) com o menino Jesus,
por Annibale Carracci (c.1600)

A paz verdadeira não é a ausência de conflitos, mas a presença de Deus. E é essa presença que precisamos aprender a cultivar ao longo do novo ano que se inicia. O cristão autêntico é aquele que, mesmo nas tempestades, caminha com os olhos fixos em Cristo. Foi isso que Maria nos ensinou: a paz que ela viveu em seu íntimo, mesmo diante do desconhecido, não vinha da certeza humana, mas da confiança absoluta na promessa de Deus. José, silencioso e obediente, também é modelo dessa paz que se constrói na escuta e na disponibilidade.

Encerrar o Advento é também um convite à interiorização dos valores evangélicos que precisam sustentar a vida cristã: a humildade, a esperança, a caridade, a confiança, a paciência e a alegria. Esses valores não são virtudes idealizadas, mas caminhos reais para uma vida plena e com sentido. O Natal é o tempo propício para renovar nossa adesão a Cristo, deixando que ele seja verdadeiramente o centro de nossas escolhas, famílias, trabalhos e relações.

O final do Advento aponta para o presépio, onde está o sinal mais eloquente da humildade de Deus: o Todo-Poderoso feito criança. Esse presépio também está em nosso interior. Nele, o Senhor deseja nascer e permanecer. Permita-se silenciar nesse tempo. Diante da manjedoura, coloque sua vida, seus temores, seus sonhos, seus pecados e suas esperanças. Aquele que vem é o Príncipe da Paz (Isaías 9:6) e deseja fazer novas todas as coisas.

Com o encerramento do Advento, abre-se também o novo ciclo litúrgico, com a Solenidade da Santa Mãe de Deus em 1º de janeiro. Maria nos aponta o caminho: guardar tudo no coração e meditar (Lucas 2:19). Ela que trouxe Jesus ao mundo deseja agora conduzir-nos a ele. Sob sua proteção, o novo ano que se inicia não será apenas uma passagem de datas, mas uma chance real de conversão, crescimento espiritual e santidade.

A paz interior, tão desejada por muitos e tão ausente em tantos corações, é fruto da intimidade com Deus. É dom que se recebe na oração, na escuta da palavra, nos sacramentos, na convivência fraterna e no compromisso com os que sofrem. O Natal vivido autenticamente restaura essa paz. E quem a experimenta se torna também portador dela para o mundo.

Que a gruta de Belém inspire seu interior a ser lugar de acolhida, simplicidade e luz. Que a presença do menino Jesus traga consolo onde houver dor, direção onde houver confusão, esperança onde houver cansaço. E que a alegria desse nascimento se estenda por todos os dias do novo ano.

Confiemos, como Maria. Acreditemos, como José. Anunciemos, como os pastores. Busquemos, como os Magos. E abracemos, com ternura, o Deus que vem ao nosso encontro, pobre entre os pobres, Rei entre os homens, Salvador entre nós.

Feliz Natal. Que o próprio Cristo seja sua paz, sua esperança e sua alegria. Amém.

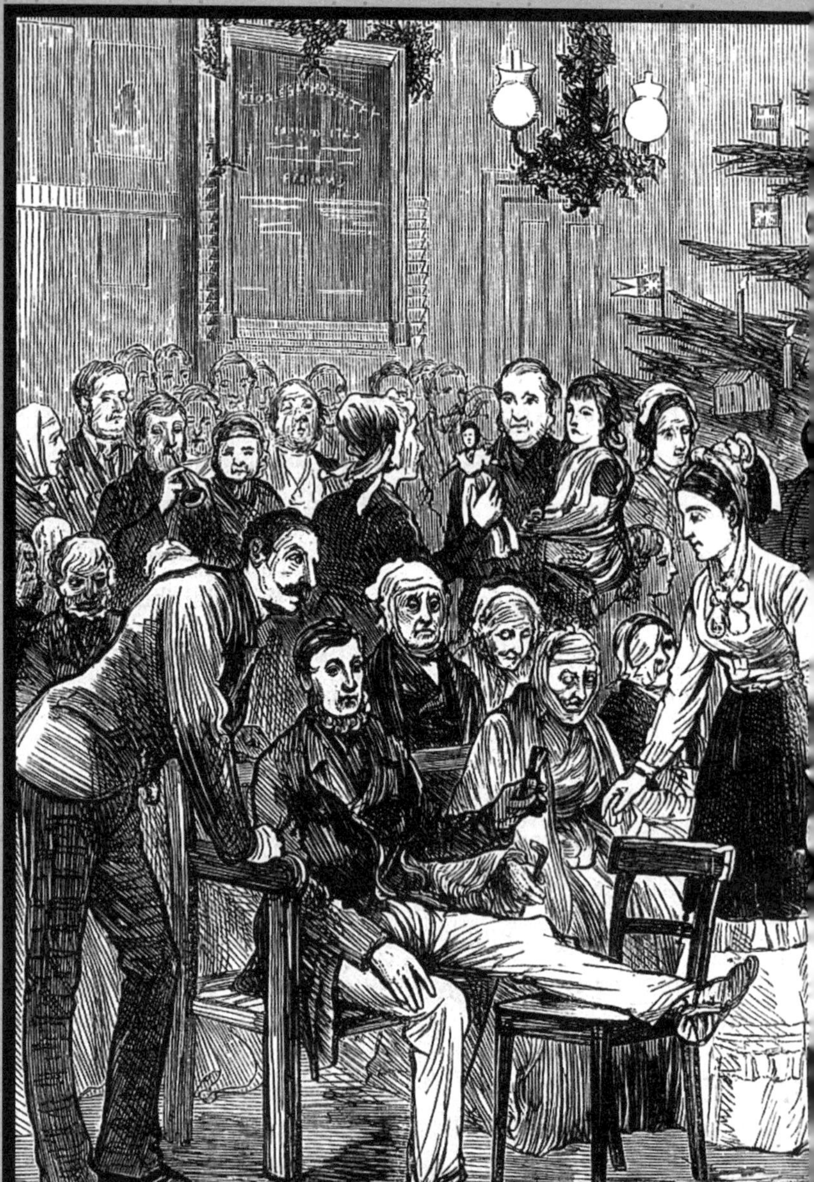

A árvore de Natal no Hospital Middlesex, autor desconhecido (s.d.)

Este livro foi composto por Maquinaria Editorial nas famílias tipográficas STIX Two Text e Bluu Next. Impresso pela gráfica Ipsis em setembro de 2025.